GOOD VIBES, GOOD LIFE

How Self-Love Is the Key to Unlocking Your Greatness

望む現実は最良の思考から生まれる

ヴェックス・キング
桜田直美 訳

Discover

ママ、この本をあなたに捧げる。私たち一家にとってつらい人生だったが、あなたの強さ、信念、忍耐力が、家族にすばらしいものを届けてくれた。

あなたがどんな目にあっても、そして私がいつもあなたをがっかりさせても、あなたはただ私に無条件の愛だけを与えてくれた。

この愛があったからこそ、私はいつも笑顔でいられた。あなたは許し、ハグし、笑い、刺激を与え、励まし、癒やしてくれた。自分の力をすべて使い、愛さえあればすべては可能だということを証明してくれた。

だからこそ私は、今こうして、言葉を通して他の人たちに愛を届けている。

そしてパパ――あなたがいなければ私はこの世に存在しなかった。あなたをきちんと知ることはできなかったけれど、いちばん必要なときに、あなたのエネルギーが私を導いてくれるのをいつも感じていた。私の誕生は、きっとあなたにとって大きな喜びだっただろう。あなたにとって自慢の息子になれていることを願っている。

GOOD VIBES, GOOD LIFE
by Vex King

Originally published in 2018 by Hay House UK Ltd
Japanese translation published by arrangement with Hay House UK Ltd.
through The English Agency (Japan) Ltd.

そして最後に、夢を持つすべての人にこの本を捧げたい。

ただ生き残りたいという夢であっても、暗黒の一日を乗り切りたいという夢であってもかまわない。

私の夢は、世界の人々にポジティブな変化を起こすような本を書くことだった。


私が夢を実現できるのなら、あなたにもできる。

私はあなたの力を信じている。

そしてあなたにも、同じように自分の力を信じてもらいたい。

いいことも、
悪いことも、
最悪のことも、
すべて私という人間の一部だ。

すべての出来事から、私たちは何かを学ぶことができる

子ども時代の3年間、私には決まった家がなかった。

私たち家族は親戚と一緒に暮らしていた。短い間だけシェルターで暮らしていたこともある。雨風をしのげる場所があるだけでもありがたかったのはたしかだが、シェルターでの暮らしは本当に怖かったことを覚えている。

建物の入口では、いつも怖そうな人たちがうろうろしていた。私たちが中に入ろうとすると、鋭い視線を投げつけてくる。4歳だった私は怯えていた。でも母は、「大丈夫よ」と言って私を安心させようとした。ただ下を見て、建物に入ればいい。

ある夜、少し外出して戻ってくると、階段と廊下の壁が血だらけになっていた。ガラスの破片が床に散らばっている。姉たちと私は、そんな恐ろしい光景を見たのは生まれて初めてだった。私たちは母の顔を見上げた。私は母の表情に恐怖を感じ取った。それでもやはり、母は勇敢だった。ただ、「ガラスに気をつけて部屋に戻りましょう」と、私たちに声をかけた。

まだ動揺していた姉たちと私は、階下で何があったのだろうと話し合った。そのと

き、悲鳴と叫び声が聞こえ、続けて大騒ぎになった。本当に怖かった。私たちはまた、安心を求めて母の顔を見た。母は私たちを抱き寄せると、「心配はいらない」と言った。それでも、母の心臓が早鐘のように打つのが聞こえてくる。母もまた、私たちと同じくらい怯えていた。

その夜、私たちはほとんど眠れなかった。叫び声は夜通し続いた。驚いたことに、警察はまったく来ず、騒ぎを鎮めようとする人もいなかった。誰もここにいる人の安全を気にかけてはいないようだ。世の中から見捨てられた気分だった。この冷たく、腐敗した世界で、頼れるのは家族しかいなかった。

このような子ども時代の記憶を友人や家族に話すと、とても驚かれる。私が当時のことをよく覚えているからだ。「なぜそんなことまで覚えているの？　まだあんなに小さかったのに」と言われることもよくある。

もちろん、すべてを、細部まで鮮明に覚えているわけではない。それでも、自分がどう感じたかということは、だいたい覚えている。いい経験でも、悪い経験でも同じだ。当時の出来事には、とても強い感情が付着している。その記憶は、長きにわたって私から離れてくれなかった。

10代の終わりになると、記憶がただ消えてくれることを願っていた。記憶が消えれば、子ども時代の苦労を思い出さずにすむ。

自分の過去を恥ずかしいと思うこともあった。自分という人間を受け入れられなかった。子ども時代の自分を否定するような言動をとったこともある。

私はよく、世界に傷つけられていると感じていた。だから、お返しに傷つけてやりたかった。

しかし、今は違う。私は昔をふり返り、起こったことのすべてを抱きしめる。

冒頭の言葉を、もう一度言おう。

いいことも、悪いことも、最悪のことも、すべて私という人間の一部だ。

そう、すべての出来事から、私たちは何かを学ぶことができる。

たしかにつらい出来事もあったけれど、それらは私にたくさんのことを教えてくれた。

あの経験があったからこそ、惨めな境遇を抜け出して、よりよい人生を手に入れようという強い思いを持つことができた。

「最高の自分」で生き始める

この本を書いたのは、自分が学んだことを多くの人に伝えるためだ。この教えが、この本を手にとり、読んでくださっているあなたを「すばらしい人生」へと導くことを願っている。私の物語から何を感じ取るかは、すべてあなた次第だ。

共感できるものもあれば、そうでないものもあるだろう。いずれにせよ、この本で描かれている考え方を実際に活用してみれば、人生に前向きな変化を起こすことができる。

私は哲学者ではない。心理学者でも、科学者でも、宗教のリーダーでもない。ただ学ぶのが好きで、学んだことを他の人に伝えるのが好きなだけだ。私の教えで多くの人がつらい感情から解放され、たくさんの喜びを手に入れられることを願っている。

そして、この地球に生きるすべての人が、何らかの変化を起こすために存在していると私は信じている。人々が人生の目的を見つけ、世界にいい影響を与える手助けをすることが私の使命だ。

世界は今、とても大変な状態にある。感覚を研ぎ澄まし、この厳しい状況を鋭く意識しながら生きる人になれば、地球への負荷も小さくすることもできるはずだ。能力のすべてを発揮する人生を送れば、自分の世界だけでなく、周りの世界も変えることができる。

もちろん、凡庸で満足できる人も中にはいる。彼らは凡庸を超えたところにある人生を生きることを目指さない。

しかし、すばらしい、偉大な人生を生きるには、自分のすばらしさを見つけなければならない。わかりやすく言えば、すばらしさとは「最高の自分」になることだ。

頭の中にある限界を取り払い、「自分の人生はこんなものだ」とあきらめるのをやめ、想像もしていなかった領域にまで手を伸ばす。最高の自分としてのメンタリティとは、限界のない人生を生きること、無限の可能性を信じることだ。

これらの理由から、最高の自分には始まりもなければ、終わりもない。

つねに今より上を目指すだけだ。

人を感心させようとするのをやめよう。

自分を感心させよう。自分の限界を広げよう。

自分に挑戦しよう。可能なかぎり最高の自分になろう。

難しいことを言うと思うかもしれない。

でもあなたには、今この瞬間からよりよい自分を目指してもらいたい。

これから毎日、あなたは昨日の自分を超え続けていく。


朝、目覚めたときに向上したいという気持ちを意識し、起きている間もずっとその気持ちでいれば、世界がたくさんの刺激に満ちていることに気づき、きっと驚くだろう。あなたの人生は、成長への強い意志を反映するようになる。


「すばらしい＝最高の自分」という言葉は多面的だ。たしかに主観的な概念ではあるが、ほとんどの人は、「才能がある」「お金やモノをたくさん持っている」「権威がある」「地位が高い」「大きなことを成し遂げた」といった意味と解釈するだろう。

しかし、真のすばらしさとはそんな表面的なことではない。

目的意識、愛、無私の心、謙遜、感謝、優しさ、そしてもちろん、人間にとってもっとも大切な幸せがなければ、すばらしさは存在できない。

私の考えるすばらしさとは、人生のあらゆる道を極めること、世界にポジティブな影響を与えることだ。すばらしい人は、単なる「勝ち組」とは違う。この世界の住人として万人から認められる人が、真にすばらしい人だ。

あなたには、すばらしい人生を生きる価値がある。

この本がそのお手伝いをしよう。

今日の目標

「昨日の自分を超える」

「自分を愛する」ということ

心の平安を手に入れるにはバランスが必要だ。

遊びと仕事のバランス、行動と忍耐のバランス、消費と貯金のバランス、笑いと真面目のバランス、去ることと、とどまることのバランス。

人生のあらゆる側面でバランスが失われると、疲労困憊し、罪悪感をはじめ、たくさんの不快な感情に支配されてしまう。

行動と忍耐のバランスを例に考えてみよう。

大学の最終学年の研究プロジェクトで、あなたがリーダーになったとする。SNS上で仲のいいメンバーのひとりが、チームにあまり貢献していない。

最初のうちは、あなたもそれを黙認している。しかし、そのような状態がずっと続き、そのメンバーの生産性が落ちてきたら、あなたはそのメンバーに、態度を改めないと担当教授に報告することになると警告するかもしれない。それでも相手があなたの警告を無視し、態度を改めなかったら、あなたはどうするだろう？　それ以上の行動を取ることに、罪悪感を覚えるだろうか？

優しくて思いやりのある性格の人であれば、相手を傷つけたくない、困らせたくないと考えるだろう。担当教授に報告したら、その人はもしかしたら単位がもらえないかもしれない。そんなことになったら、将来にも影響が出るだろう。

とはいえ、その人はリーダーであるあなたを尊重せず、あなたの警告を無視している。あなたは自分の優しさにつけ込まれているように感じるかもしれない。それに他のメンバーも、リーダーは友だちをひいきしていると感じ、やる気をなくしてしまうかもしれない。

この場合あなたが、親切で正直な人であり、さらに公正さを重視する人であれば、必要な行動を取ることをためらってはいけない。

あなたはプロジェクトリーダーとしてベストを尽くした。それでも残念ながら、友だちはあなたの気持ちに応えてくれなかった。

ここで行動を起こさなければ、あなたが心の平安を失ってしまうかもしれない。

それに、他のメンバーからの信頼も失い、自分の成績にも影響が出るだろう。

バランスを第一に考えれば、あなたの心は安らぎ、罪悪感のようなイヤな感情を避けることができる。

行動か忍耐か、どちらかを選ぶ必要はない。両方とも実行することができる。相手への理解と許しを示しながら、同時にきっぱりと権威を行使することは可能だ。

大切な人を想うように自分を愛し、最優先する

それでは、これと自分を愛することは、どう関係するのだろう?

「自分を愛する」という表現はよく誤解されている。本当は「受け入れる」ことを促す言葉なのに、「挑戦しない言い訳」として使われることが多い。

自分を愛することには2つの欠かせない要素がある。調和の取れた人生を送りたいのであれば、その2つの要素の間でうまくバランスを取らなければならない。

1つ目の要素は、自分を無条件に愛することだ。ここでは「考え方」がカギになる。自分を愛するために、もっと痩せたら、美容整形をしてきれいになったらといった条件をつけるのは、本当の意味で自分を愛していることにはならない。

たしかに、痩せてきれいになれば、以前よりも自信がつくかもしれない。しかし、

本当の自己愛とは、ありのままの自分を愛することだ。

もう1つの要素は、成長を目指すこと。ここでのカギは「行動」だ。自分自身と人生を向上させることも、自分を愛することにつながる。なぜなら、自分はよりよい人生を送る資格がある、平凡で満足する必要はないと認めているからだ。

自分を愛することに関連して、他者を無条件に愛するということについても考えてみよう。たとえば、あなたのパートナーには困った習慣があるかもしれない。とはいえ、それが原因でパートナーへの愛が減るわけではない。あなたはそれも含めてパートナーのことを愛している。ときには相手の欠点から学ぶこともあるだろう。

それに加えて、あなたはパートナーのためにいつも最高のものを望んでいる。だからその習慣がパートナーの健康を損なっているのなら、その習慣をやめられるようにサポートするだろう。これはパートナーへの無条件の愛だ。相手を厳しく批判するのではなく、ただ相手が最高の自分になれることを願っている。それは自分のためではなく、パートナー自身のためだ。

自分を愛するとは、その感情を自分に向けることだ。
自分のためになることを第一に考える。

人生に価値を加えるものであれば、その中には必ず真の自己愛が存在する。食生活から、習慣や儀式、個人的な人間関係まで、この条件を満たすならすべて自己愛だ。そしてもちろん、自分を愛するうえで欠かせない要素は、受け入れることだ。ありのままの自分で満足する。

その結果、自己愛があなたに力を与え、あなたを自由にするだろう。自分を愛することの本当の意味を理解すると、考え方と行動の間でバランスを取ることができる。

考え方と行動の間でバランスが取れていれば、しょっちゅう地面に倒れ、道に迷ったりせずに、高い周波数の「バイブス《振動》」で生きることができるはずだ。このことについては、1章からくわしく見ていこう。

「自分を愛する」とは、ありのままの自分を受け入れることと、「自分はもっと向上できる」と知って努力することとの間で、バランスを取ることだ。

GOODVIBES, GOODLIFE
How Self-Love is the Key to Unlocking Your Greatness
望む現実は最良の思考から生まれる

CONTENTS

Part 3 自分を優先する

Make Yourself a Priority

Part 4

自分を受け入れる

Accepting Yourself

Part 5

夢を実現するマインドを持つ

Manifesting Goals: Mind Work

Part 6

行動し、目標を現実化する

Manifesting Goals: Taking Action

Part 7

Pain and Purpose

すべての出来事に意味を見出す

Part 1

A Matter of Vibes

すべてのものに「バイブス《振動》」がある

すべては自分の
バイブス《振動》に反応する。
それが何であれ、
自分がエネルギーを注いだものが、
すべて自分のところに返ってくる。

自分の意識次第で世界は変わり始める

大学時代の私は、ずっとお金の問題に悩まされていた。学資ローンを借りることはできたけれど、そのほとんどは家賃で消えてしまった。本当にわずかなお金で生活していかなければならず、教科書も買えないほどだった。

母に援助を頼むことはできない。母もお金で苦労しているのは知っていたからだ。もし私が頼めば、いつもそうだったように、母はなんとかしてお金を工面してくれるだろう。自分の食費を切り詰めてでも、私を助けてくれることはわかっていた。

それでも、だいたいにおいてお金のやりくりはできていた。食べ物がなくて困ることも、同じ服ばかり着ていることもなかった。ネットでちょっとした仕事をして稼ぐこともできた。

ある年、私は夏休みが始まる前に早めに家に帰った。

お金が底をつき、すべてが行きづまったように感じていた。

もう大学には戻りたくなかった。勉強を楽しめず、夏の課題を完成させるモチベーションもなかった。
1年の大半を勉強に費やしてしまったので、夏休みはアルバイトをして学費と生活費を稼がなくてはならない。友だちはみんな、一緒にバカンスに出かけて夏休みを満喫しようとしていたが、私だけが行けそうもない。それに、ある女の子との関係で悩んでもいた。恋愛関係でも、プラトニックな関係でも問題続きで、私は腹を立てていた。とにかく人生にうんざりしていた。

ある日の夜、私は『ザ・シークレット』（ロンダ・バーン、山川紘矢、山川亜希子、佐野美代子（訳）、2015年、KADOKAWA）という本の存在を知った。たくさんの人が、この本で人生が変わったと言っている。それに、どんな人にでも効果があるらしい。
その本が教えているのは、「引き寄せの法則」というシンプルな法則だった。引き寄せの法則とは、基本的に「考えたことが現実になる」という法則だ。言い換えると、欲しいものに意識を集中させれば、欲しいものが実際に手に入るということになる。またこの法則は、欲しいものだけでなく、欲しくないものにも当てはまる。

つまり話は単純で、自分の意識を集中したものが、自分のところに返ってくるとい

うことだ。

そのため引き寄せの法則では、怖いものや嫌いなものではなく、欲しいものに意識を集中することがカギになる。

にわかには信じられなかった。そこで私はもっと調べてみることにした。引き寄せの法則のおかげで欲しいものを手に入れたという人たちの体験談をたくさん読んだ。

私の人生でも同じことが起こるのだろうか?

私の欲しいものははっきりしていた。友だちと一緒にバカンスに出かけることだ。それを実現するには、8万円ぐらいのお金が必要になる。

そこで私は、引き寄せの法則のガイドラインに従い、ポジティブな気持ちで欲しいものを思い描いた。

1週間ほどたったころ、税務署から封書が届いた。もしかしたら税金を払いすぎている可能性があるという。これは、引き寄せの法則が働いている証拠なのだろうか?私は送られてきた書類に必要事項を急いで記入すると、税務署に返送した。

1週間がすぎたが、税務署からは何も言ってこない。友だちはみんなバカンスの予約を始めている。私だけが行けないのは本当に悲しかった。税金の還付が、私に残された唯一の望みだった。

私はついにがまんできなくなり、税務署に電話し、返送した書類が届いているのか確認した。すると、きちんと届いているので、近いうちに連絡するという返事だった。そのときは有頂天になったけれど、時間はもうあまり残されていない。すぐに学校が夏休みに入り、友だちはバカンスに出かけてしまう。

また1週間がすぎ、相変わらず何の連絡もない。私はあきらめモードになり、「私抜きでバカンスに行ってほしい」と友だちに伝えた。

そして数日後、税務署から封書が届いた。ドキドキしながら封を切った。中から出てきたのは、9万円相当の小切手だ。喜びのあまり言葉もでなかった。私はすぐに銀行へ行った。小切手の現金化にはたいてい5日くらいかかる。だが、今回は3日後に私の口座にお金が振り込まれていた。

次の週の月曜日、私はバカンスの予約をして、そして4日後に友だちと一緒にバカンスへ出かけ、とても楽しい時間を過ごすことができた。

しかし、何よりも大切なのは、私が引き寄せの法則を信じるようになったということだ。私は決心した。この法則を使って、自分の全人生を変えてみせよう。

「引き寄せの法則」は、いつでも働くわけではない

引き寄せの法則が働くには、思考をポジティブにする必要がある。

とはいえ、いつもポジティブに考えるのは難しい。

人生には、悪いことが起こることもあれば、物事がうまくいかないこともある。そんなときも、ずっと前向きでいることなどできるのだろうか？

私はたいていの人からポジティブな性格だと思われている。そんな私も、つらいことがあればとてもポジティブではいられない。むしろ怒りの感情に支配される。その結果は負のスパイラルだ。気分の揺れが激しくなり、最低と最高を行ったり来たりしている。まるで私の中に2人の違う人間がいるかのようだ。

そして私の人生も、このまったく違う2人の人間を反映している。すべてがうまくいっていて、楽しくてしょうがない時期があったかと思えば、一転してどん底まで落ち込んでしまう。

悪い時期に入ると、物事の明るい面を見ることなど不可能になる。そんなとき、私

はネガティブな感情に負け、家具を壊したり、周りの人に八つ当たりをしたり、この世界で生きるのは最低だと愚痴をこぼしたりして不満を発散する。

大学の最後の年に、あるグループプロジェクトが暗礁に乗り上げた。そのプロジェクトの成績は、卒業単位のかなりの部分を占めている。大きな問題は、作業の分担でメンバーが分裂してしまったことだ。

私はできるかぎりポジティブな気持ちを保ち、最後にはうまくいくと信じようとした。でも、そうはならなかった。事態はどんどん悪くなっていった。

そのとき突然、私は理解した。

引き寄せの法則は、いつでも働くわけではないのだ。

グループは完全に分裂していた。それぞれの分担についてつねに口論し、お互いに貢献が足りないといって非難合戦になる。事態は収拾がつかなくなり、きつい言葉も飛び出した。

残念ながら、この問題を解決する方法はない。期限は目の前に迫っていて、残りの作業を考えると、とても間に合うとは思えない。メンバーはみな、このプロジェクトは失敗だと確信していた。その結果、単位がもらえず、卒業もできない。大学の4年間をすべて無駄にしてしまった気分だった。

そもそも私が大学に行ったのは、そうしなければならないと感じていたからだ。いい仕事に就き、いい人生を送るには、大学に行くことが必要だと信じていた。それは子どもの私が経験できなかった人生だ。

それでも心の奥底では、大学に行きたいとは思っていなかった。大学は楽しくなかった。大学へ行ったのは、ただ母親を喜ばせるためで、子どものころから母が苦労する姿を見てきたので、母の努力が無駄にならなかったということを証明したかったのだ。それに、私はずっと以前から、自分はいわゆる普通の仕事には就かないということがわかっていた。

そして今、大学卒業というゴールを目の前にして、すべてが指の間からこぼれ落ちていった。

頭に浮かぶのは、母をがっかりさせ、自分もがっかりさせ、それに学費もすべて無駄にしたという近い未来の状態だけだ。私はネガティブ思考に支配されていた。

「大学をやめる」と母に告げた。学校にいる理由がなくなったからだ。

私には怒りのはけ口が必要だったから、すべてのことを責めた。母は優しく私を諭し、大学に残ってベストを尽くすように言った。それでも私の怒りは収まらず、さらに激しく口答えした。

私は次から次へと起こる問題にうんざりしていた。もうすべてを放棄してしまいたかった。生きる理由もなければ、人生の目的もない。精神状態が悪くなると、昔のイヤな記憶ばかりが蘇ってくる。それでさらにネガティブな気分に拍車がかかり、自分の人生はまったくの無価値だと確信するようになった。

実現できないのなら、夢なんかあってもしかたがないではないか。自分に何か大きなことができるなんてまったくのウソだ。私は自分をだましていただけなんだ。

そのとき、すべてがはっきりした。
自分にはすばらしいことなんて起こらない。

求人サイトを検索すると、それなりにおもしろそうで、給料も悪くない仕事に片っ端から応募した。必要な資格を持っていなくても、そんなことはおかまいなし。どれか1つでも採用されれば、自分の人生が完全な失敗でないことは証明できる。

それに給料がもらえれば家族の借金を返し、生活費を助けることができる。特に姉たちの結婚式でお金が必要だった。私は応募書類に、資格はないけれど仕事は完璧にできると書いた。返事は1通も来なかった。

そんなことをしながらも、本当はわかっていた。

今さら大学をやめることはできない。躍起になって問題から逃げ出す道ばかり探していたけれど、そろそろ現実と向き合わなければならない。やるべきことをやって、あとは最善の結果を祈るだけだ。

でもその前に、いちばん上の姉の結婚式がある。これがさらにプレッシャーになっていた。結婚式に出るには、みんなよりも早く課題を提出し、期限の2カ月前に大学を休む必要がある。私は意地になり、結婚式には出られないと言い張った。それでも心の中では、出なければ一生後悔するとわかっていた。

結局、私はしぶしぶながら結婚式に出席した。

しかし、結婚式の会場に着いたとたん、予想もしていなかったことが起こった。心が落ち着き、リラックスできたのだ。結婚式はインドのゴアで行われた。美しい式だった。出席したすべての人が、幸福と、新郎新婦への愛で輝いていた。

正直なところ、そのときの私は、特にポジティブになろうとはしていなかった。かわいそうな自分に酔っている状態に満足し、他の人にもかわいそうだと思ってもらいたかった。

しかし、この新しい環境のおかげで、私の中で変化が起こった。本当に久しぶりに、感謝の気持ちがわいてきたのだ。

いい状態の自分から、いい現実が生まれた

家に戻ってからもポジティブな気分は続いた。大学では引き続き、相変わらずの問題で周りが大騒ぎになっていたけれど、私の心はずっと静かだった。そして、心が安定したおかげで、必要なことをやりきろうという意欲もわいてきた。

私は大学でもらえる「仮の成績表」を自分でつくった。誇らしくなるような好成績にした。そしてこの成績表を眺めるたびに、「これは本物だ」と自分に言い聞かせた。

実を言うと、ここまでいい成績が取れるとは信じていなかった。
これはただの願望だ。
それでも、失敗して落第することはないという確信はあった。

さらに、図書館に毎日通うと心に決めた。そこで何時間も勉強する。グループの課題を終わらせ、さらにそれ以上の勉強もする。そして休憩時間は、一緒にいるとごきげんになれるポジティブな人を選んでおしゃべりをした。（ちなみにそのうちのひとりの女性が、やがて私が生涯をかけて愛する人になる）

試験が終わり、課題を提出し、グループプロジェクトの最終プレゼンテーションも終わった。卒業はできるだろうと確信していた。結果が出てみると、「仮の成績表」ほどの評価はもらえなかったけれど、卒業には十分な成績を取ることができた。それに、いちばん難しい課題の1つで最高の成績をもらうこともできた。

その後も、引き寄せの法則を使って同じような成功を体験することができた。
けれども、成功するときもあれば、失敗するときもある。自分に何かが足りないのはわかっていた。その「何か」を見つけると、それからは安定していい結果を出せるようになった。

後述するが、他の人にもそのコツを教えて、やってもらったところ、彼らもいい結果を出すことができた。実際、それまでは不可能だと思っていたことを達成できた人もたくさんいた。

望んだものすべてが現実になったわけではない。

でも、自分はそれが欲しい、それが必要だと思い込んでいても、その理由が間違っているということはよくある。

何年か経験を重ねるうちに、正しい願望と間違った願望の区別がつくようになってきた。

それに、欲しいと思い込んでいたものが手に入らず、むしろほっとすることもある。欲しいものが手に入らないことはよくあるが、その後でもっといいことが起こるものだ。

GOOD VIBES 1

望む現実をつくる「グッド《いい》・バイブス《振動》の法則」

前項で紹介した引き寄せの法則を超えた存在が「グッド《いい》・バイブス《振動》の法則」だ。最高の自分で生きる人生を手に入れたいなら、グッド・バイブスの法則が欠かせない。「バイブス」とは「振動」のことだ。

思考にこの法則を適用すれば、人生が一変するだろう。

もちろん、だからといってすべての困難を避けられるというわけではない。

ここでカギになるのは、人生の主導権を握り、自分が満足できる人生を創造することだ。

自己啓発のパイオニアのひとりにナポレオン・ヒルという作家がいる。1937年に書かれた『思考は現実化する』（1999年、きこ書房）は、今でも史上最大のベストセラーに名を連ねている。世界有数の起業家たちも、この本のおかげで成功できたと絶賛している。

ヒルはこの本のために、500人の成功した男女にインタビューをして成功の秘訣を探り出そうとした。そしてインタビューからわかった知恵を読者に伝えている。

結論の中で、彼はこう言っていた。

「自分が自分であるのは、自分で選び、自分の中に取り込んでいる思考のバイブスが原因だ。そしてそれらの思考は、日々の環境の中にある刺激から生まれている」

この本の中で、ヒルは何度も「バイブス」という考え方に言及している。そしてあなたも、私の本の中でこの言葉を何度も目にすることになるだろう。

しかし、たくさんあるヒルの本の改訂版では、バイブスという言葉が消えてしまっている。おそらく出版社が、ヒルの考え方はまだ世界で受け入れられないと判断したのだろう。今日でも、科学的なエビデンスがないという理由で、バイブスに関する形而上学的な法則は多くの批判にさらされている。

そのような状況でも、これまでたくさんの人がバイブスと思考の関係性を説明しようとしてきた。代表的な存在は、科学者のブルース・リプトン博士や著述家のグレッッグ・ブレイデンだ。彼らは科学とスピリチュアルの間にあるギャップを埋めようと努力している（注1）。思考が人生に影響を与えるという彼らの考え方は、現代の疑似科学だと主張する人もたしかにいるが、それでもグッド・バイブスの法則に対する裏付けになっている。

あなたはこのグッド・バイブスの法則を信じるようになるかもしれないし、やはり疑いの目を向けるかもしれない。どちらの態度を選ぶにしても、本書を読めば、この法則に害はないということはわかるだろう。ときには、自分で実際に経験するほうが、数字やグラフのデータよりも大きな意味を持つこともある。

そもそも「バイブス」とは何か？

まず確認しておきたいのは、すべてのものは原子でできていて、そしてかすかであっても、すべての原子にはバイブスがあるということだ。つまり、すべての物質とエネルギーは、本質的に振動しているということになる。

学校の理科の授業を思い出してみよう。固体、液体、気体は、すべて異なる物質の状態だと習ったはずだ。分子レベルでのバイブスの周波数が、その物質がどの状態にあり、私たちの目にどう見えているかを決めている。

私たちが知覚する現実は、バイブスのマッチングによって出現する。言い換えると、現実を現実として知覚するには、私たちが対象のバイブスを受信できる必要があるということだ。

たとえば人間の耳は、1秒あたり20から2万回のバイブスしか聞くことができない。もちろんだからといって、それ以外のバイブスが存在しないわけではない。ただ人間の耳には聞こえないというだけだ。たとえば犬笛の音は、人間が知覚できる周波数より高い周波数なので、犬には聞こえても人間には聞こえない。

スピリチュアル作家のケネス・ジェームズ・マイケル・マクリーンは、『振動する宇宙』（注2）という本の中で、人間の五感と思考は、物質やエネルギーと同じようにすべて振動していると書いている。マクリーンによると、現実とは、振動を受け取って解釈した結果だ。宇宙は振動の周波数をたたえた深い海であり、そして現実はバイブスの変化に呼応するエーテルだ。

考え方、感じ方、話し方、行動を変えると、自分の世界が変わる

思考を現実化する、あるいは別の言葉で表現すれば、思考を自分の知覚の中に出現させるには、思考のバイブスの周波数がカギになる。

思考する「何か」がより本物らしく、より現実感があるほど、自分の周波数がその何かに近づいていることになる。

何かを本気で信じ、あたかもそれがすでに現実になったかのようにふるまうと、物理的な現実世界にそれを出現させる可能性も高くなるのだ。

望んだ現実を受け取る、あるいは知覚するには、望むものが持っているエネルギーと同調しなければならない。

つまり、思考、感情、言葉、行動のすべてが、望むものと一体になる必要があるということだ。

これは音叉のたとえを使うとわかりやすいかもしれない。同じ周波数の音が出る2つの音叉がある場合、どちらか1つを叩いて振動させれば、もう1つの音叉も、たと

え叩かなくても同じように振動する。
叩いたほうの音叉から発せられた振動は、叩いていないほうの音叉に伝播する。なぜなら、どちらも同じ周波数に反応するようになっているからだ。つまり2つの音叉は、振動が調和している状態にある。もし振動が調和していなかったら、叩いたほうの音叉から出た周波数が、叩いていないほうの音叉に伝播することはない。
ラジオもそれと同じだ。ある局を聞きたいのなら、ラジオをその局の周波数に合わせる必要がある。これがその局を聞く唯一の方法だ。違う周波数に合わせたら、ラジオから聞こえてくるのはまったく違う局になってしまう。

あるものとバイブスが調和していると、そのあるものを現実に引き寄せることができる。

自分の周波数を知るいちばんの方法は、自分の感情をチェックすることだ。感情こそが、私たちのエネルギーレベルをもっとも正しく反映している。

ときには、自分の精神状態や行動はポジティブだと信じていても、本心ではそれは違うとわかっていることもある。

自分の感情に注意を払えば、自分の本当のバイブスを知り、その結果として自分が人生に引き寄せているものを知ることができる。

感情がポジティブなら思考もポジティブになる。
そして、思考がポジティブなら行動もポジティブになる。

GOOD VIBES

2

グッド・バイブスで生きれば、最高の人生が始まる

"Good"つまり「最高」とか「いい」とか「ポジティブ」という言葉は、どれも「何か望ましいもの」を形容するときに使われる。

たとえば、ある過去の出来事を「いい経験」、または「ポジティブな経験」として認識するのは、その出来事が自分の希望通りだったから、あるいは少なくとも思ったより悪くなかったからだ。

基本的に、何かが欲しいと思うのは、その何かが自分をいい気分にしてくれるからだ。

私たちが人生で何かを望むのは、すべて望ましい感情を手に入れるためであり、そして不快な感情を避けるためだ。

私たちのほとんどは、望むものが手に入れば幸せになれると信じている。

自分の感情は、自分でコントロールできるもっともパワフルなバイブスの1つだ。そのため基本的に、私たちはポジティブな感情を求めている。

以上を考えると、私たちの人生の目的は「グッド・バイブス」を経験することだという結論になるだろう。

いい気分であれば、人生もいいものになる。

つねに「グッド・バイブス」を経験していれば、人生全般への見方もポジティブになる。

医師のハンス・ジェニーは、「サイマティクス」という言葉をつくったことで知られている。サイマティクスとは、音や振動を可視化させる研究のことだ。

ジェニーが行ったもっとも有名な研究の1つは、平板な金属のプレートに砂をまき、プレートの縁にバイオリンの弓を走らせたところ、その振動の周波数に応じてさまざまなパターンの模様が出現したというものだ。

周波数が高くなると複雑で美しいパターンが現れ、周波数が低くなるとあまり美しくないパターンができる。つまり、高い周波数にはより好ましい効果があるということだ。

理想を言えば、人生でできるかぎりたくさんの愛や喜びを感じていたい。愛や喜びはもっとも周波数が高い感情であり、欲しいものを現実化する助けになってくれる。そしてその結果、さらにいいバイブスが生まれるという好循環につながるのだ。

反対に、憎しみ、怒り、絶望などの感情は周波数がとても低く、欲しくないものばかりを引き寄せる。

「グッド・バイブスの法則」に従うなら、いいバイブスを受け取るには、自分からいいバイブスを送り出さなければならない。

私たち人間は、バイブスの周波数の受信機であり、送信機でもある。送り出した周波数と同じ周波数のバイブスを受け取っている。この法則に例外はない。

喜びの感情を送り出すと、喜びを感じるようなものをたくさん受け取る。

よく誤解されているが、欲しいものを受け取ったら気分がよくなるという考え方は間違いだ。

本当は、今すぐに、いい気分になることができる。

究極的に、自分を愛するのと、自分のバイブスの周波数を上げるのは同じことだ。周波数を上げる努力をすれば、自分を愛し、自分をいたわることになる。気分がよくなり、その結果としていいものを引き寄せる。

行動と思考をポジティブにすれば、すばらしいものを現実化することができるだろう。自分を愛することで、周りをも愛することができる人生を、生きられるようになる。

**自分の送り出す感情は、
似たような感情を引き起こす経験として、
自分のところに返ってくる。**

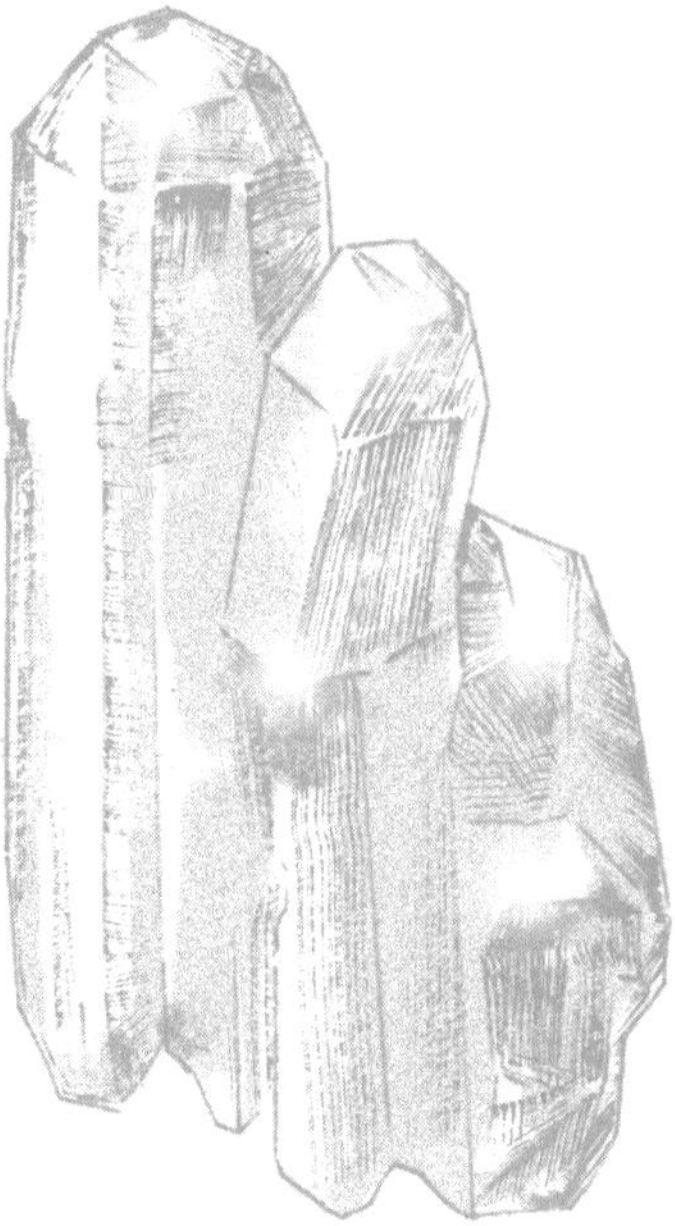

Part 2

ポジティブな習慣を身につける

Positive Lifestyle Habits

ごきげんで生きていると、
多くの素晴らしいことが
現実化していく。

ごきげんな状態を引き寄せる グッド《いい》・バイブス《振動》な行動を増やす

私たちが目指すのは、高い周波数のグッド《いい》・バイブス《振動》で、いい気分で生きること、つまりごきげんになることだ。

それを実現し、愛と喜びにあふれた状態に近づくためにできることは、毎日の生活の中にたくさんある。

ある種の行動には、周波数を上げて心の状態を変える働きがある。

効果が長く続く行動もあれば、一過性の効果で終わる行動もある。

たとえば、友だちとケンカをしてむしゃくしゃしているとしよう。そんなときは、他の友だちと何か楽しいことをすれば、心の状態を変えることができるかもしれない。他にも、愛する人と物理的に触れ合う、熟睡する、身体を動かす、自分が楽しめる活動をするといったことも、周波数を上げるのに役立つだろう。

とはいえ、たとえ気分がよくなっても、後でまた惨めな状況と向き合わなければならなくなるかもしれない。私たちの心の中では、状況は何も変わっていない。ただ一時的に問題を避けていただけだ。

そこで瞑想の登場だ。瞑想を続けていると、脳の働きを完全に変えることができる。瞑想に加えて、周波数の低い感情を抱いたときの自分を内省すると、周波数の低い感情を周波数の高い感情に変えることができる。つまり瞑想によって、たとえば友だちとのケンカをよりポジティブな視点で眺められるようになるということだ。（瞑想についてはP104でくわしく見ていこう）

すべてのものはエネルギーなので、自分と何らかのかかわりがあったものは、すべて何らかの形で自分のバイブスの周波数に影響を与える。

行動を変え、心の状態をポジティブに変えるのも、自分を愛することの一要素だ。

つまり、「最高に幸せな自分」になることを目指しているということなのだ。

他にも、最初のうちは効果が一時的だが、長く続けているうちに本物の効果をもたらしてくれる行動もある。

では、1つずつ紹介しよう。

GOOD VIBES 1

周りにポジティブな人を集める

気分がよくないときは、ごきげんに生きている人たちと一緒にいるようにしよう。彼らはあなたよりも高い周波数のバイブスで生きている。彼らのそばにいれば、彼らのエネルギーの一部を自分のものにできるかもしれない。

研究によると、緑藻類の一種のコナミドリムシは、他の植物からエネルギーを取り込むことができる（注3）。

そして私の経験から言えば、人間にも似たような能力がある可能性はかなり高い。

初対面の人に対して何か違和感を持ったような経験はあるだろうか？

具体的に説明はできないが、なんとなくイヤな感じを受ける。そして後になって、自分の違和感は正しかったとわかる。そう、エネルギーはウソをつかない。

あるいは、その正反対の経験もあるかもしれない。一見してポジティブなエネルギーに満ちているとわかる人もいる。彼らはつねに、周りの人をポジティブなエネルギーに伝染させているようだ。私自身も、明るい人たちの周りにいるだけで心の状態が変わった経験が何度もある。

ポジティブでごきげんな人は、周りの人に問題を解決する力を与えることもできる。彼らは心の状態がポジティブなので、相手の問題も楽観的にとらえることができる。状況のいい面を見つけ、相手の周波数を上げるのを助けてくれる。

ごきげんな人を周りに集め、その人たちと長年にわたって意義深い関係が築けるように努力しよう。

人生に価値を加えてくれる人、気分を上向きにしてくれる人と一緒にいる時間を増やすと、彼らの前向きな思考法を学び、自分からも彼らに向かって前向きなバイブスを送ることができる。

グッド・バイブスの法則によると、私たちの周りには、自分と同じような周波数のバイブスの人が集まることになる。

それはつまり、周りにポジティブな人がいるおかげで日常的にポジティブな感情でいられるなら、その結果としてポジティブな人がさらに周りに集まってくるということだ。

そう、あなたの人生は、いいバイブスで満たされることになる。

自分よりも高い周波数のバイブスの人を周りに集めよう。
自分よりごきげんな人と一緒にいよう。
エネルギーは伝染する。

GOOD VIBES

2

表情や身体の動かし方を変える

うまくいかないときに笑顔になるのは難しい。しかし、2003年に発表されたシモーン・シュノールとデーヴィッド・レアードの研究によると、ただ笑顔をつくるだけで脳は「自分は幸せだ」と解釈し、「幸せホルモン」とも呼ばれるエンドルフィンを分泌するという(注4)。

最初のうちはおかしな感じがするかもしれない。わけもなく笑顔になるのが難しかったら、何か笑顔になれるものを見つけよう。

たとえば、自分の笑顔が誰かを幸せにすると考えれば、自然に笑顔になれるかもしれない。相手も笑顔を返してくれれば、それがまた笑顔をつくる理由になる。

実際、肉体の状態や体調は、すべて思考と感情に影響を与える。

外側の状態を変えれば、内側の状態も変えることができる。それに加えて、私たちが他人に送るメッセージの大半は、実は表情や身振り手振りなどの「言葉ではないメッセージ」だ。

話しているときの姿勢や身振りまでもがメッセージの役割を果たしている。そのため、ボディランゲージというメッセージで何を伝えるかということも慎重に考える必要がある。

落ち込んでいる人のふりをするのは簡単だ。肩を落とし、頭を垂れ、悲しそうな顔をすればいい。怒っている人のふりをするのも同じくらい簡単だろう。

それでは、「幸せで、人生が楽しくてしかたがない」という人のふりはどうだろう。

彼らの表情は?
どんな姿勢で立っている?
身体の動かし方に何か特徴はあるだろうか?
手はどんな位置にある?
決まったジェスチャーはあるだろうか?
話すスピードは速い? それとも遅い?

「望む現実」に生きる自分としてふるまうことから始める

このような方法で周波数を上げるのは、不健全なのではないかと思う人もいるかもしれない。

しかし、昔から「実現するまではふりをする」という考え方があり、その効果は何度も証明されてきた。

たとえばモハメド・アリは、「偉大なチャンピオンになるには、自分が最強だと信じなければならない。もし最強でないなら、最強のふりをしろ」という有名な言葉を残している。

アリとソニー・リストンの試合を考えてみよう。試合前にアリの勝利を予想する人はほとんどいなかったが、アリはその正反対の態度をとることを選んだ。リストンをやっつけると公言し、そして結果はその通りになったのだ。

社会心理学者のエイミー・カディは、ボディランゲージの効果についての研究で知られている。カディによると、ボディランゲージは他者が自分を見る目を変えるだけでなく、自分が自分を見る目を変える効果もあるという。

カディは他の研究者と共同で発表したレポートの中で、力に関連する3つのポーズのうち、どれか1つのポーズを1日に2分間とるだけで、自信に関連するホルモンのテストステロンが20％増加し、ストレスホルモンのコルチゾールが25％減少すると発表した（注5）。これらのいわゆる「パワー・ポーズ」は、自分にはパワーがあると感じるための簡単で即効性のある方法だと、そのレポートは報告している。

周りから注目を集めるために、ある特定の資質や才能があると見せかけようとする人もいる。しかし、それは勘違いだ。

ここで大切なのは、純粋に自信を高めるために、ある特定の行動をとるということだ。これなら役に立つテクニックになる。

最初は想像しただけの自信が、やがてだんだんと本物の自信になっていく。

自信のある人にふさわしい周波数のバイブスでいれば、その自信はどんどん本物になっていくだろう。

ごきげんな人としてふるまえば、
自分の内部の状態が変わり、
バイブスの周波数が上昇する。

GOOD VIBES
3

ひとりの時間を持ち、張り詰めた神経をほぐす

リラックスするための時間をないがしろにしてはいけない。ときに私たちは、忙しさのあまり余裕がなくなり、神経が張り詰めてしまう。張り詰めた神経をほぐす簡単な方法は、ストレス源から距離を取ってリラックスすることだ。

ひとりの時間を恐れてはいけない。

人と一緒にいることは大きなストレスにもなる。内向的な人なら何度も経験があるだろう。周りの人から自分の一部を奪われているようで、神経がまいってしまうのだ。パートナー、友人、家族と一緒に暮らしている人は、ひとりになるのは彼らに悪いと思ってしまうかもしれない。

しかし、ひとりになるのは彼らが嫌いだからではない。彼らと一緒にいたくないからでもない。

ただ、あなたには休息が必要だということだ。

たまには自由に息をして、エネルギーを充電しなければならない。ただしばらくひとりになるだけだ。罪悪感を持つ必要はまったくないし、彼らへの愛が足りないということでもない。

また、テレビやＳＮＳを見ていると、刺激過多の状態になることがよくある。そんなときも、刺激の原因からしばらく離れていよう。

それでは、ひとりになる必要があるかどうかは、どうすればわかるのだろうか？

例をあげて説明しよう。誰かがあなたのためを思って何かしてくれたのに、それをわずらわしく感じてしまうなら、それはあなたが「人疲れ」しているからかもしれない。もちろんあなたは、相手の人に悪いと思う。相手の善意はわかっているからだ。それでも、もう自分にはかまわないでほしいと思ってしまう。

メキシコでは、この状態を表現するスペイン語の言葉がある。「engentado」という言葉で、「人と一緒に過ごした後にひとりになりたくなる」という意味だ。

たしかに気分で態度を変えるのは間違っているが、だからといって少しの間だけひとりになりたいと思うのは悪いことではない。

それは自分のためだけでなく、周りの人のためにもなる。

充電する機会もなく、ずっと人疲れの状態でいると、周りの人の周波数も下げてしまうだろう。

自然の中で過ごすことも大きな効果がある。

今の時代、テクノロジーにまったく触れずに生きていくことはほぼ不可能ゆえに、自然の中にいると、エネルギーを充電して全身をリフレッシュすることができる。

1991年に発表された研究によると、自然に囲まれていると感情がポジティブになり、精神状態が健全になるので、エネルギーの回復につながることが発見されたという（注6）。

大げさなことをする必要はない。

ただ外を歩いたり、庭仕事をしたり、木の下に座ったり、星を見上げたりするだけでも十分だ。
太陽が出ているなら、日光を全身に浴びよう。体内でビタミンDが生成され、さらに「幸せホルモン」とも呼ばれ、情緒を安定させる働きをするセロトニンも分泌される。

ときにはしばらく世界とのつながりを断ち、自分をリセットする必要がある。

GOOD VIBES 4

インスピレーションを見つける

インスピレーションのおかげで前に進む意欲がわき、インスピレーションのおかげで楽観的でいることができる。

今の時代、インスピレーションを見つける方法はたくさんある。たとえば、自己啓発の本や新聞、またはパウロ・コエーリョの『アルケミスト』（1997年、KADOKAWA）といった力を与えてくれる本。

それに加えて、ポッドキャストなどのデジタルコンテンツはそれこそ無数にある。映画の力も忘れてはいけない。個人的に、ウィル・スミス主演の『幸せのちから』（ガブリエレ・ムッチーノ、2006年、米国）からは、いつも元気をもらっている。

私は一時期、人生の先行きがまったく見えなくなってしまったことがある。ちょうど自分のビジネスを始めるために仕事を辞めたところだった。自分のビジネスとは、元気の出るメッセージが書かれたTシャツを販売することだったのだが、自分で貯めたお金を投資してビジネスを始めてみると、残念ながらTシャツは期待したほど売れなかった。

内心ではあっという間に売り切れになると思っていた。ビジネスの教科書を片っ端から読み、ファッションブログもたくさん読んだ。必要な知識はすべて仕入れ、準備は万端だった。私の会社は大成功し、ファッション界に新風を吹き込むはずだった。

それなのに、現実はそうはならなかった。

私は自信を失いかけた。本当にこの道を選んでよかったのだろうか。

そして何より困ったのは、私が苦労しているのを見た母が、他の仕事を見つけるように言ってきたことだ。自分のためにも、家族を助けるためにも、私はお金を稼がなければならない。耐えがたいほどのプレッシャーだ。

自分の能力を疑うようになると、あっという間に惨めさの海に深く沈んでしまう。低い周波数の状態をすべて経験する。これはとても危ない状況だ。

何とかしなければならないということはわかっていた。オーディオブックをたくさん聴き、本を読み、動画を見た。記事や元気の出る言葉、ブログも読んだ。SNSで知り合った起業家の友だちからも話を聞いた。

そして私は、他の人も困難を経験したことを知り、それを乗り越えた方法を学んでいった。かなり不利な状況を覆した人もいる。私は刺激をもらい、自信が回復してきた。彼らの物語を読むと、失敗してもそこで終わりではないということがわかる。

何か大きなことを成し遂げた人は、その過程で必ず大きな困難や失敗を経験している。しかし、失敗が終わりを意味するのは、途中であきらめたときだけだ。

たしかに私のTシャツビジネスはうまくいかなかった。でもそれをきっかけに変化が起こり、それが私にとって大きなプラスになった。

インスピレーションを見つけると、モチベーションが高まり、自分の進むべき道と、人生の可能性を信じられるようになる。

GOOD VIBES

5

ゴシップや他人のドラマに加わらない

人は生きていれば、何らかの形でゴシップに参加することもある。ときにはそれを自覚していないこともあるだろう。

最悪なのは、ほとんどの人が実際はゴシップを楽しんでいるということだ。

メディアは他人の不幸をニュースにすることでお金を稼いでいる。そういったニュースを喜ぶ人がいるからだ。その結果、他人のうわさ話という行為が、社会的に受け入れられるようになった。

とはいえ、自分がうわさ話の的になりたいとは誰も思っていない。

自分が他人を断罪していることに気づかず、害のない娯楽のように考えている。周りの人のうわさ話を聞き、それをまた他の人に伝えて反応を見るのがとにかく楽しいのだ。つまりゴシップは、「自分の周波数を下げる最適の方法」ということになる！

いずれにせよ、人がゴシップを広めるのはエゴを満足させるためだ。他人をおとしめると、自分が偉くなったように感じることができる。ゴシップはたいてい他者を批判するような内容で、その批判の大半は憎しみから生まれている。**憎しみは周波数の低い状態なので、結果として自分の人生に不快な経験を引き寄せてしまうことになる。**

すでに見たように、すべての思考とすべての言葉に強力なバイブスがある。他人のことをネガティブな視点から語ると、宇宙にネガティブなエネルギーを送ることになる。その結果、自分の周波数も下がり、有害な出来事が人生に出現して、さらに気分が悪くなる。

インドに古代から伝わる伝統医療のアーユルヴェーダによると、ゴシップはチャクラと呼ばれる人体のエネルギースポットの一部に影響を与えるという。それもまた、高次のバイブスで生きる状態になるのを妨げる働きをする。

ゴシップには加わらないのがいちばんだ。あるいは、もっとポジティブな話題に誘導してもいい。

周りを観察していれば気づくだろうが、ゴシップ好きの人はたいてい不平不満が多いか、あるいは「かわいそうな自分」というポジションが心地いいと思っている。

彼らの仲間入りをすると、だんだんと人生に失望してしまうだろう。

自分の人生に必要ない激しいドラマや、過度にドラマ的に生きる人を避ける

不必要な人生のドラマに巻き込まれるのも避けたほうがいい。そのドラマによってストレスと不安が高まり、感情の周波数が下がり、そしてもうおわかりのように、低い周波数の経験を人生に引き寄せる。これでは、人生を楽しむのを放棄するのと同じことだ。

私も今では、何があっても人生ドラマだけは避けるようにしている。**自分にとっていいことなど1つもないからだ。**

以前、いつも過度にドラマ的な人から、「私の考え方は間違っている」と議論をふっかけられたことがある。皮肉なことに、そのとき私が言ったのは、お互いの平和のために口論をするべきではないということだったのだが、彼は納得しなかった。

私は意見の違いを尊重し、「この件はもう終わりにしよう」と穏やかに提案した。しかし、彼は怒りだしてしまった。もし彼が私の考え方に本当に興味を持っていたら、私も喜んで話しただろうし、彼の意見に耳を傾けただろう。しかし、彼はただ口論したいだけだった。私が間違っていることを証明し、私をおとしめたいだけだった。

彼は耳を閉じ、口を開いている状態だった。学ぶ準備ができておらず、ただ相手を従わせたいだけだった。お互いの意見が違うというだけで、彼はすぐにヒートアップした。彼の考えでは、私は間違った考えを広めていて、世の中の苦しみをさらに増やしてしまっているらしい。

彼の怒りは、やがて私に対する個人攻撃に姿を変える。私が口論に参加しなかったので、彼の攻撃はさらに激化した。

私はただ何も言わず、状況を観察していた。そして、それが可能になった時点で、彼から距離を取った。

見たところ、彼は他者の幸福に特に興味があるわけではなく、世の中の苦しみを減らしたいという思いもないようだった。彼の攻撃的な態度は、彼の主張と矛盾している。**彼はただ、自分だけが正しいということを証明したかっただけだ。**

私の信念は、意見が違うなら口論するべきだという彼の信念を揺るがしている。それは彼にとって、自分のアイデンティティが脅かされるような事態だ。

これが「エゴ」の働きだ。エゴとは、思考によってつくられたセルフイメージであり、社会的なマスクだ。

私たちはアイデンティティを失う恐怖の中で生きているために、つねに周りに認めてもらう必要がある。

誰かが自分を好いてくれないという理由で腹を立てるのもエゴの仕業だ。

他人の承認がないと、自分の存在を正当化できない。自分を承認しない人がいるだけで、自分で自分を肯定できなくなってしまう。

ドラマはテレビのためにある。現実の人生には必要ない。

他の誰かのエピソードで役割を演じてはいけない。
スターは本人だけなのだから。

エゴが生み出した「自分」に気づき、抜け出す

必要もないものを、わざわざお金を出して買うのもエゴを満足させるためだ。

相手が自分にとってどうでもいい人であっても、「すごい」と思われないと気がすまない。

他人の成功を喜べないのもエゴが原因だ。

人が強欲になるのも、他人を蹴落としたいと思うのもエゴが原因だ。

エゴのせいで、他者に対する愛と理解が損なわれている。

残念ながら、私たちの多くはエゴが生み出した「自分像」が自分だと思い込み、そのイメージをなんとしても守ろうとする。

その自分像が他者から認められないと、アイデンティティの危機に陥り、エゴが自分を守ろうとする。

私と口論しようとした男性もその状態になっていた。私の信念によって彼の信念が根底から揺らぎ、自分のアイデンティティに疑問が生じた。それは彼にとって脅威だ。だからこそ彼は、いきなりあんなに怒って反論してきたのだ。

人生でこのようなことはよく起こる。すべてエゴが原因で、違う意見の人がいると、好奇心からもっと話を聞きたいと思うのではなく、ただ相手が間違っていることを証明しようとする。

自分こそが真実であり、周りの人もこの真実に従うべきだと考える。

それは周りの人のためを思ってのことではなく、ただ自分が間違っていると認めるのが怖いからだ。

世の中には過度にドラマ的な人はたくさんいる。彼らは毒のある環境であればあるほど、生き生きしてくるようだ。

私はこれまでの経験から、私の意見にまったく興味のない人のために時間を無駄にしてはいけないということも学んだ。

彼らがケンカをふっかけてくるのは、彼らの問題だ。

あなたも彼らの問題に巻き込まれないように、注意しなければならない。

問題について話し合うのも、情報を交換するのもいいことだ。

ただしそれは、相手を言い負かしたり、自分が上に立ったりすることが目的ではない場合に限られる。

自分が勝ちたいだけの議論は、間違った自己イメージにつながり、結果的にバイブスの周波数を下げてしまう。

ゴシップや口論よりもいい時間の使い方はたくさんある。

他人のことよりも、自分の人生を向上させることのほうに意識を集中しよう。

時間は貴重だ。賢く投資しなければならない。すばらしい人生につながるような建設的な活動に、もっと時間を使うようにしよう。

エゴはいつでも、
重要な存在だと思われること、愛されることを求めている。
エゴは即席の快楽を求めている。
そこには、他者よりも上に立ちたいという欲求がある。

GOOD VIBES

6

いいものを食べ、いいものを飲む

何を食べ、何を飲むかということはとても重要だ。体内に取り込むものはあなたのバイブスに影響を与え、ひいては現実に影響を与える。

いいものを食べ、いいものを飲んでいない状態で、ごきげんでいられるわけがない。

食べると眠くなったり、だるくなったりするのは、低い周波数のバイブスのものを食べたからだ。それを食べた結果、私たちの周波数も低くなる。そういった食べ物の多くはジャンクフードだ。

そして残念ながら、ジャンクフードはおいしく感じるようにつくられているために、どうしてもジャンクフードを食べすぎてしまう人も少なくない。

その結果どうなるかというと、気分が沈むだけでなく、体重が増え、病気にもなりやすくなる。

1949年、フランスの電磁気学専門家アンドレ・シモネトンが、食べ物の電磁波に関する研究を発表した。彼の発見によると、食べ物にはそれぞれ固有のカロリーがあるだけでなく、振動する電磁波の力もあるという（注7）。

シモネトンによると、人間が健康であるには6500オングストロームのバイブスを維持しなければならない（「オングストローム」は電磁波の波長など、非常に小さな長さを表す単位だ。1オングストロームは1億分の1センチメートルになる）。

シモネトンは、0から1万オングストロームの範囲で、食べ物を4つのカテゴリーに分類した。

第1のカテゴリーはバイブスの高い食べ物だ。生の果物、生の野菜、全粒穀類、オリーブ、アーモンド、ヘーゼルナッツ、ひまわりの種、大豆、ココナッツなど。

第2のカテゴリーにはそれより低いバイブスの食べ物が入る。茹でた野菜、牛乳、バター、卵、ハチミツ、調理した魚、ピーナッツオイル、サトウキビ、ワインなど。

第3のカテゴリーに入るのは、バイブスがとても低い食べ物だ。調理した肉、ソーセージ、コーヒーとお茶、チョコレート、ジャム、プロセスチーズ、白いパンなど。

そして最後の第4のカテゴリーは、オングストロームがほぼゼロの食品だ。マーガリン、保存食、アルコール飲料、精製された白砂糖と小麦粉など。

シモネトンの研究からわかるのは、どの食品が私たちのバイブスを高め、そしてどの食品がバイブスを下げるのかということだ。

それに加えて、一般論として、より自然に近く、質の高いオーガニック食品のほうが、そうでない食品に比べてより多くのエネルギーを与えてくれる。

オーガニック食品はたしかに高価だが、健康のことを考えれば高いお金を出す価値は十分にある。

身体に悪いものを食べ続けて健康を害したら、結果的にそのほうがお金がかかることになるだろう。

それに水の重要性も忘れてはいけない。人間の身体の6~7割は水分であり、肉体が機能するためには水分が欠かせない。水分を摂取することで体内の毒素が排出され、自分のバイブスを高い状態に保つことができる。

体内の水分が少なくなると、集中力を失う、めまいがするといった悪い影響が出る。さらには意識を失うこともあるかもしれない。

シモネトンの研究によると、アルコール飲料はバイブスがとても低い。大量のアルコールを定期的に摂取するのは健康に害が大きく、肝臓を悪くして死にいたるケースもある。また、アルコールの飲みすぎは知覚の乱れにつながり、普段の自分では考えられないような行動を取ってしまうかもしれない。それが命の危険につながることもある。たしかにお酒を飲むとそのときは楽しい気分になるが、適量を心がけることが大切だ。

水分を摂取するなら、浄水器を通した新鮮な水を第一の選択肢にしよう。

自分の消費するものが、自分を消費する。
自分を消費するものが、自分の人生をコントロールする。

GOOD VIBES

7

感謝を表現する

感謝するという習慣は、とてもシンプルだが、同時に大きな力を持っている。毎日、感謝できることをかぞえるのを習慣にすれば、いつでも感謝できるものを探す心の状態になることができる。するとすぐに、無意識のうちに物事のいい面を見るようになり、人生の幸福感が増すだろう。

感謝しているときに悪い気分になるのは不可能だ。

しかし、感謝を表現するぐらい簡単だと思うかもしれないが、ほとんどの人はそれができなくて苦労している。

自分が受け取っている贈り物よりも、苦労や苦難に意識を集中するほうがはるかに簡単だからだ。持っていないもののことばかり考え、すでに持っているもののことを忘れている。

以前、世界でも有数の成功者について調べていたときに、その人が言ったある言葉が印象に残った。

それは、「偉大さは感謝から始まる」という言葉だ。

当時はそれほど深く考えなかったが、年齢を重ねるにつれて、この言葉の価値がわかるようになってきた。感謝の気持ちがなければ、本当の意味で楽しむことはできない。

自分の持っているものに目を向け、感謝する

また、感謝を表現すると、自分のバイブスを変えていいものをもっとたくさん引き寄せられるようになるだけでなく、物事を俯瞰して眺められるようにもなる。

私たちはつねに自分と他者を比較している。

そしてほとんどの人は、他の人が欲しがるものを、自分が持っているということに気づいていない。

人は、自分より幸運に恵まれているように見える人と、自分自身を比べがちで、自

分より恵まれていない人には目が向かない。

この地球上には、戦火の中で暮らしている人もたくさんいる。

一方で私たちは、そういったことはニュースで知るだけで、毎日の暮らしで戦争を経験することはない。

口だけで「ありがとう」と言うのは簡単だ。感謝の気持ちを表現するときは、本当に感謝を感じていなければならない。

私がコーチングをしているウィルという男性を例に、「本当の感謝」について考えてみよう。

ウィルは私に会うと、まず自分の問題を片っ端から列挙していった。私はそれが終わるのを待ってから、「今度は感謝しているものを教えてほしい」と彼に言った。

するとウィルは、「そんなものは1つも思いつかない」と答えたのだ！

ウィルは車好きだということを知っていたので、私は「車はどうですか？」と尋ねてみた。

彼は「そうですね、車には感謝しているかもしれません」と答えた。

この程度の感謝は、とっかかりとしてはちょうどいいが、バイブスの状態を変えるほどの力はない。

そこで私は、もしその車がなかったらどう思うか尋ねてみた。

彼はその状況についてしばらく考えると、困ることをリストにしていった。

「車がないと、仕事に行けなくなる。買い物にも行けなくなる。友だちに会いに行くこともできない……それに、子どもの学校の送り迎えもできない」

車がない状況を具体的に想像したことで、彼の状態が変わってくるのがわかった。

そこで私は、さらに一歩進めるためにこう尋ねた。「子どもの送り迎えができなくなったらどうなりますか?」

彼は答えた。「そのときは、歩いてもらうか、バスを使ってもらうしかないでしょう」

私はさらに尋ねた。「徒歩で通学することは、子どもたちにとってどういう意味があるでしょう?」

そのとき突然、彼の脳裏に寒空の中で歩いて学校に通う子どもたちの姿が浮かんだ。徒歩の通学は子どもたちにとって危険だ。彼は見るからに動揺してきた。

さらに考えを進めると、ウィルは自分の子ども時代を思い出した。彼は通学のバスで、よく他の子たちにいじめられていた。

ウィルはついに理解すると、大きく息をした。「車を持っていて本当によかった」という気持ちが、彼の表情から伝わってきた。

車を持っているのはとてもありがたいことだ。ただ車があるだけでなく、家族の生活も向上させることができる。

ウィルのバイブスの状態は一変した。その変化は、表情や身ぶり手ぶりからも見ることができる。

感謝すべきものを探し、それに意識を集中する

感謝の練習をするときは、感謝しようとしている対象が存在しない人生を想像してみよう。

何らかの強い感情がわきあがるはずだ。それが、感謝というパワフルな状態に入るカギになる。

人生でうまくいかないこと、思い通りにならないことはたくさんある。それでもきちんと探せば、うまくいっていることもたくさん見つかるはずだ。

学校の文句を言う前に、教育を受けられない人もいるということを思い出そう。

太ってしまったと嘆く前に、食べ物が手に入らない人もいるということを思い出そう。

仕事の愚痴を言う前に、仕事を失ってしまった人もいるということを思い出そう。

家の掃除が面倒だと言う前に、住む家がない人もいるということを思い出そう。

食後の皿洗いが面倒だと言う前に、家に水道がきていない人もいるということを思い出そう。

スマートフォンを見ながらSNSで起こっているあれこれの文句を言う前に、自分がいかに恵まれているかを思い出し、1分でもいいので感謝の心を持つようにしよう。

私の経験も紹介しよう。

ある会社で働いていたとき、考え方の合わない上司がいた。上司も私も、そのせいでかなり働きにくい状態だった。しかし、彼は上司なので、最終的には上司の言い分が通ることになる。

その状態が何カ月も続き、私は上司の行動から影響を受けて感情を乱していた。そして感情が乱れると、それは行動にも影響する。上司に対して嫌悪感で反応し、上司の愚痴を言った。仕事に行くたびに、ネガティブな思考と感情を宇宙に向かって放出していた。その結果、事態はさらに悪くなっていった――もう最悪の状態だ！

私は上司に近づきたくなかった。しかし、彼の席は私のすぐ隣だ。それに、たとえ近くにいないときでも、彼はいちいち私を怒らせるようなことをする。

当時の私は、思ったことは何でも口にしていた。「あなたにはリーダーシップがまったくない」と、上司に直接言ったこともある。もちろん、そんな態度で事態が改善するわけがない。

けれども、インターネットでいくつか動画を何本か見て、ついに私も気がついた。私は間違ったエネルギーの使い方をしていた。

問題があることはわかっていたが、解決策を考えることではなく、問題そのもののほうに意識を集中していたのだ。

それに気づき、解決策のほうに意識を集中するようになると、状況はだんだんと改善していった。

私は給料のいい仕事があることに感謝した。仕事を見つけるのがどんなに難しいかは、私もよくわかっている。

給料のいい仕事となればなおさらだ。私はこの給料のおかげで快適な生活を送ることができている。私はそのことを定期的に自分に思い出させ、感謝し、いい状態のごきげんな自分でいるように心がけた。この感謝のいい状態は、バイブスの周波数が高い状態だ。

そして数カ月後、例の上司が昇進して異動になった。

私も昇給し、かなり自分の裁量で働けるようになった。それからは、その仕事をしていていちばん楽しい時期を過ごすことができた。

ただ「ごきげんに、いい状態でいる」と決めただけで、さらにいい気分になれるようなごほうびをもらうことができたのだ！

あまりにも多くの人が、自分の恐怖にエネルギーを注いでしまっている。

もちろん、問題など存在しないと言っているわけではないが、問題のことばかりを考えるのではなく、むしろその問題を解決する方法にエネルギーを集中してみよう。

宇宙は無限の豊かさに満ちている。

私たちの限界は、恐怖という幻影だけだ。

感謝できるものをかぞえるほど、
感謝できるものが増えていく。

GOOD VIBES 8

自分の感情を研究する

頭の大部分を占めている思考は、感情に決定的な影響を与える。

ポジティブな思考を目指すときに多くの人が直面するのは、移行の過程を無視してしまうという問題だ。

私たちは、ただネガティブな思考を消してしまえばいいと考える。感情を麻痺させて、ポジティブなことだけ考えようとする。

しかし、この方法はたいていうまくいかない。

なぜなら、ただ自分をだまして、何も問題ないと思い込もうとしているだけだからだ。

実際の感情は、そうでないことを知っている。抑圧された感情は毒となり、いずれ心身にダメージを与えることになる。

有害な思考が心の奥底にとどまったままでいると、似たような体験をしたときにいつでも表に出てきてしまう。その結果、自分の周波数が下がるだけでなく、このパターンが続くことでメンタルヘルスがダメージを受け、それが身体の不調にもつながる。

それに加えて、自分が周りの人たちに対して害のある存在になってしまうかもしれない。そしてあなたは孤独になり、惨めな状況がさらに惨めになる。

だから、ネガティブな感情を抑圧してはいけない。今だけではなく、この先も同じようなことが起こったときは、いつもそれを心がける。

自分の感情を理解すれば、低い周波数の感情を、何度でも高い周波数の感情に変えることができる。個人の成長で、「内省」がとても重要な役割を果たすのもこのためだ。


サラというクライアントの例を紹介しよう。彼女は気になる人ができたので、思い切って話しかけてみた。それから数日間、メッセージをやりとりしたり、電話で話したりしていたが、彼からの連絡が途絶えてしまった。

サラはスマホを見つめながらずっと待っていたが、メッセージは送られてこない。その結果、彼女の頭の中は、「誰も私に関心がない。私のためにわざわざ時間をつくろうなんて思わない。それは私がブスだからだ」という考えでいっぱいになり、悲しみに打ちひしがれた。

彼女はこのネガティブな感情を、ポジティブな感情に変える必要があった。そこで私たちは、次の項のステップ・バイ・ステップの「ネガティブな感情を別の感情に変える方法」を使うことにした。

ネガティブな感情を無視するのは、体内の毒をそのままにしておくのと同じようなものだ。

自分が感じていることを、すべて理解できるようになろう。

ここでの目的は、自分にポジティブな思考を強制することではない。ネガティブな思考をもっと健全なものに変え、自分の気分を向上させることが目的だ。

> **ネガティブな感情を抑圧するのは、今日でおしまい。**
> **その感情を、バイブスの周波数が上がる**
> **別の感情に変えるようにしよう。**

GOOD VIBES

9

ネガティブな感情を別の感情に変える方法

1 感情に名前をつける

感情の状態を変えるには、まず自分が何を感じているのかを知る必要がある。前項のサラの場合、感情の名前は「悲しみ」と「恐怖」だ。そしてさらに深く掘り下げたところ、その他に「捨てられたという絶望感」「不安」という感情もあった。

2 自分に質問をする

次のステップは自分に質問することだ。

「なぜその感情なのだろう？」
「どんな思考からその感情が生まれたのだろうか？」

サラが悲しみを感じていたのは、彼からメッセージの返信が来なかったからだ。そこから彼女の中に、「誰も自分のために時間をつくらない、誰も自分に関心がない、なぜならブスだからだ」という思考が生まれた。その結果、彼女は孤独で悲しくなった。

この段階になると、すでに自分の感情を意識的に観察することを始めている。私たちの思い込みの多くは、誇張や誤解、自分に押しつけられた他人の意見などが元になっている。

そこで、それらの間違った考えや批判に、心の中で意義を唱えてみよう。自分の思考回路を分析し、ネガティブな思考パターンをもっとポジティブな思考パターンに変えていく。

思考の裏にある思い込みに意義を唱えるには、まずその信憑性を疑ってみよう。

たとえば、サラは自分に「私がブスだというのは本当なのか？」と尋ねた。この質問について深く考えていくうちに、自分がそう感じる理由について多くを学ぶことができた。

この段階まで来たら、今度はさらに深く掘り下げる質問をする。それに加えて、もっと極端な質問をしてもいいかもしれない。極端な質問は、極端な答えにつながるからだ。

サラの場合は、**「それはつまり、私は永遠に幸せになれないということなのか?」**という質問をした。

サラは質問についてよく考え、そして自分が状況を大げさにとらえていたことに気がついた。メッセージの返信がなかったからといって、自分が一生幸せになれないと決まったわけではない。またサラは、自分が喜びを感じるのに、他人は関係ないということも思い出した。

自分に質問をすると、自分の中にあった思考の限界に気づくことができる。サラもそうだった。自分の思い込みが間違っていること、ただ状況のネガティブな側面だけを見ていたことを理解できた。

過去のイヤな経験を思い出し、問題の核心に迫るような質問を自分にしてみよう。

私たちはよく、潜在意識の中でこういった過去の経験から勝手にネガティブな結果を引きだし、自分で悲しい状況をつくりだしてしまう。それに気づくことが大切だ。自分の中に「教訓」として蓄積された勝手な思い込みに意義を唱えよう。間違った教訓を放置しておくと、潜在意識の中で何度も再生されてしまう。

それらはやがてあなたの心の重荷になり、あなたを落ち込ませることになる。

3 理解する

このステップでは、感情の裏にある深い意味を理解することがカギになる。

またサラの例で考えてみよう。サラは最近の経験によって自分に自信をなくしていた。好きな人からメッセージの返信があったころは、まだ自分を好きでいられた。そこからわかるのは、彼女が社会からの受容や承認を求めているということだ。

自分の感情の裏にある深い意味を理解し、それを成長のために活用しなければならない。サラは自尊心が低いために、他者の承認がなければ、自分の価値を認めることができなかった。**他者に価値を認められ、受け入れられないと、自信を持つことができなかった。**

4 置き換える

前のステップで発見したネガティブな思い込みを、もっと前向きな思考に置き換える。自分にこう尋ねてみよう。

「もっと気分がよくなり、偉大な人生を送るためには、ものの見方や行動をどう変えたらいいだろう？」

ためにならない思考を、気分がよくなるような思考に変えなければならない。

サラは自分に、私は愛される価値があり、他人が私をどう扱おうと関係ないと言い聞かせた。

「私は私を愛している。それだけで十分だ。私から私への愛は、いつか私を本当に大切にしてくれる人からの愛という形で返ってくるだろう」

このような力を与えてくれる思考をさらに本物らしくするために、目指している感情を本当に感じていたときのことを思い出す。

サラは、自分には価値があると感じていたときのことを思い出した。そのときのサラは自信があり、愛されていると感じていた。彼女はその記憶を頭の中で何度も再生した。

このテクニックは、自信をつけるのに役立つだけでなく、実際に解決策も生み出してくれる。**過去の似たような状況で、どんなことをすれば助けになったか思い出すことができるからだ。**

5 視覚化する

今の感情を適切にコントロールしている自分を視覚化する。すると、自分のバイブスの周波数が上がるだけでなく、もうその感情に支配されなくなるので、この先同じような状況になっても、意識することなくその感情をコントロールできるようになる。**視覚化を何度もくり返そう。くり返すたびに想像の限界を広げ、よりリアルに感じることを目指す。**

何かをマスターしたいなら、くり返し練習するのがいちばんの方法だ。その感情が呼び起こされるような状況を頭の中で何度もリハーサルすれば、心の準備が万全の状態で、その状況を迎えることができる。

「ネガティブな思考」を、
「自分を大切にする思考」に置き換える質問をする。
自分に声をかけ、イメージし、くり返し練習しよう。

GOOD VIBES

10

目の前の瞬間を意識する

世界的なテクノロジーの進歩の結果、私たちは自分が持っているガジェットに夢中になり、周りの世界への関心を失っている。

スマホを見ている時間のほうが、実際に会話をする時間より長いくらいだ。スクリーンを凝視してデジタルでのやりとりに没頭するあまり、周りの世界の存在を忘れてしまっている。

目の前で起こっている出来事なのに、実際に自分の目で見るのではなく、カメラを通して見るほうを選ぶ。コンサート会場でも、観客たちはスマホを掲げて写真を撮るのに夢中だ。

もちろん、記念に写真を撮るのが悪いと言っているわけではない。

しかし、スクリーンを通して人生を生きていると、今この瞬間に存在することができなくなってしまう。

目の前の瞬間をないがしろにすればするほど、不安や恐怖が強くなり、ストレスがたまる。現代人がこんなにも不安にかられているのは、「今、ここ」とは別の場所で生きることを強いられているからだ。

それに加えて、周りにいる人たちの存在も忘れているために、大切な人間関係も犠牲になっている。現代人の多くが心の不調を訴えるのもこのためだ。私たちは落ち込み、孤独で、疎外感を抱いている。私たちの周波数が低下するのは、いつもどこか想像の世界にいるようで、目の前の現実とのギャップを感じているからだ。

過去を追体験し、未来を恐れ、勝手に頭の中で障害をつくっている。せっかくの創造的なエネルギーを破滅的な考えのために使っている。そしてその破滅的な考えが、人生に苦しみを招き寄せる。

あなたが持っている時間は「今」だけだ。過去は文字通り過ぎ去った時間であり、もう存在しない。あなたがいくら頭の中で再生しようとも、過去は過去だ。そして未来はまだ起こっていない。それなのにあなたは、頭の中で何度も未来を訪れる。

明日が今日のふりをして私たちのところにやってくる。そして私たちの中には、明日の正体に気づくことができない人もいる。

目の前の瞬間ほど貴重なものはない。なぜなら、もう二度と取り戻せないからだ。記憶にとどめることならできるかもしれないが、今の瞬間を物理的に体験できるのは今だけだ。

時計を見るのもスマホを見るのも忘れ、何かに夢中になっていたときのことを思い出してみよう。もしかしたらそれは、愛する人と一緒にいた時間かもしれない。あるいは、何か好きなことをしていた時間かもしれない。

そのとき、あなたは目の前の瞬間に没頭し、過去や未来の心配は出る幕がない。あなたはただ、今この瞬間に存在することを楽しんでいる。

これがまさに、「今、ここ」に存在するということだ。

「未来」は「今」の連続線上にある

また後でくわしく見ていくが、目標を達成するには、未来の計画を立てることが絶対に必要だ。しかし、だからといって未来にあまり長居してはいけない。

未来のことを考えると、今のふりをした未来を生きることになる。今から10年前のあなたは、今この時点こそが未来だと思っていたかもしれない。

しかし、未来は今日だ。

20代のはじめのころ、私は土曜の夜に出かける予定があると、それまでの毎日をそわそわして過ごしていた。未来を楽しみにすることで、目の前の貴重な瞬間を失っていたのだ。失われた瞬間は二度と取り戻せない。

ついに土曜日がやって来て、そして過ぎ去ると、私はまた何か楽しい計画を立て、その未来を心待ちにする。未来が数週間も先になることもあった！

私たちはこの世に生まれたその日から、毎日死に向かって進んでいる。

つねに待ち焦がれている未来は、現在という形でしか私たちのところにやって来ない。それがついにやって来ると、あっという間に過ぎ去ってしまい、やって来たことにも気づかない。そして私たちの関心は、すぐに次の待ち焦がれる未来に移っていく。私たちのほとんどがこうやって人生を生きている。

朝になったら目を覚まし、1日を乗り切り、そして夜になったら眠る。これを1年に365回くり返している。

私たちは成功する日を待っている。愛や幸せが訪れるのを待っている。今この瞬間、すでに持っているもののことはまったく考えない。

やがて私たちは、自分が本当の意味で生きていないことに気づく。あるいは、待ち焦がれたものがついに手に入るかもしれないが、もうそれを楽しむことはできない。なぜなら、心はすでに次の欲しいものに向いているからだ。

テクノロジーはツールだ。生きることの代替品ではない。

同じことは過去についても言える。何度も思い返したくなるような楽しい思い出もたしかにあるだろう。それでも、過去はもう変えられないということをしっかりと肝に銘じておく必要がある。過去を再構築したり、変えたりできるのは頭の中だけだ。

次の項で見ていく瞑想のテクニックは、目の前の瞬間とつながる助けになる。

> **「今、ここ」への意識を高めると、高い周波数のバイブスを維持することができる。なぜなら、過去の苦痛からも、未来の恐怖からも自由になっているからだ。**

GOOD VIBES

11

瞑想する

近年になって瞑想の人気が高まり、あらゆる方面から称賛の声が聞こえてくる。作業療法士から主要メディアまで、さまざまな背景を持つ人たちが瞑想の利点について語っている。

しかし門外漢から見ると、瞑想はかなりとっつきにくい印象がある。時間がかかり、コツをつかむまで難しそうだ。私もまさにその理由で、何年も瞑想を避けていた。

私も多くの人と同じように、瞑想をするという目標は立てるのだが、それだけで終わっていた。そしてついに始めたときも、いまいちピンと来なかった。自分のやり方が正しいのか間違っているのかもわからないし、効果が出ているのかもわからない。気まぐれに続けていただけなので、なかなか効果が実感できなかった。

しかし、瞑想についてきちんと学んでみると、自分がまったく理解していなかったことに気がついた。勝手に難しいものにしていたのだ。

正しい瞑想を30日間続けてみると、だんだんと効果がわかってきた。

1日15分の瞑想を1年間続けたところ、巨大な変化に気づくようになった。

特に大きな変化は、めったに怒らなくなったことだ。昔の私は、怒りの感情にあんなに悩まされていたというのに。以前ならカンカンに怒っているような状況でも、いたって冷静でいられるようになった。

また、大混乱の状況でも、静かな心を保っていられるようになった。これは私にとって新しい能力だ。

以前より自分の思考を意識的にコントロールできるようになった。その結果、以前より機嫌よくいられる時間が増えた。

瞑想には、エゴがつくりだした抵抗を緩める働きがある。そこから心の静けさ、明晰な頭脳が生まれ、忍耐力が高まる。瞑想中に浮かんだ直感的な思考から、多くを学ぶこともできた。

こうやって自分の内なる知恵にアクセスできるようになると、長年悩まされていた問題への解決策が見つかることもある。それに自分の周波数を上げる必要があるときは、瞑想すればいい気分になれることもわかっている。

おかしな話だと思う人もいるかもしれない。多くの人は、瞑想の目的は思考をクリアにすることだと考えている。しかし、それは誤解だ。

実際のところ、瞑想とは集中力だ。

瞑想は目の前の瞬間に集中するのを助けてくれる。そして「今、ここ」をきちんと意識する力は、人生のあらゆる側面で強力なツールになってくれるだろう。

瞑想中のあなたは、五感を使って、今この瞬間だけに存在している。自分の思考、感情、肉体的な感覚を静かに観察している。ただ遠くから観察するだけで、批判や善悪の判断はしない。

では、今すぐにできる短いリラクゼーション瞑想を紹介しよう。

必要なのは、紙とペン、そして静かな場所だけだ。

「今、ここ」に集中する瞑想の始め方

1 直感を使って自分のエネルギーレベルを分析し、1点から10点で評価する

1点はエネルギーの周波数がもっとも低い状態だ。この状態にある人は、気分が落ち込み、何もやる気が起きない。

10点は周波数がもっとも高く、心は穏やかな喜びにあふれている。

とっさに頭に浮かんだ数字を紙に書こう。ここで深く考えてはいけない。

2 この段階で実際の瞑想が始まる。完全にリラックスできる場所を見つける

瞑想の姿勢は立っていてもいいし、座っていてもいい。まだ目は開けておく。感覚を研ぎ澄ませ、自分の肉体を感じ取る。

あなたは座っているか？

あなたは立っているか？

背骨にはどんな感覚があるか？

何も変えてはいけない。ただ自分の肉体に意識を集中する。

3 呼吸を意識する

自分の呼吸をただ観察する。肺の奥まで息を吸い込み、そして吐き出す。こうやって深い呼吸をしながら、肺に限界まで空気がたまる様子を想像し、それから古い空気をすべて吐き出す。

呼吸に合わせてお腹がふくらんだりへこんだりするのを感じる。同じく胸がふくらんだりへこんだりするのを感じる。

4 周りを見る

目に映る色やパターンを意識する。良し悪しの判断はせずにただ観察する。周りにあるすべてのものを視覚で吸収し、それからゆっくり目を閉じる。

心のスクリーンには何が映るだろう？

思考をただ自然にまかせ、プレッシャーをかけない。ここでの思考には、正解もなければ間違いもない。

まぶたをリラックスさせ、頭に浮かぶ光景をただ観察する。このとき、自分の呼吸パターンをつねに意識する――吸って、吐いて、拡張、収縮。

5 周りの音を聞く

音はどこからやってくるか？

音のトーンは？

特に目立つ音はあるか？

背景音と前景音を区別できるか？

また意識を自分の呼吸に戻し、息を吸う音、息を吐く音を聞く。

6 全身に意識を向ける

どこか緊張している場所はあるか？ ここで何かを変える必要はまったくない。ただ肉体の感覚を感じ取る。

今この時点で、何らかの気持ちや感情がわき上がってくるだろうか？

どんな気持ちや感情だろう？

それらは身体のどの部分に存在するか？

観察し、感じ、聴く。

あと1分、動かずじっとしている。
そして準備ができたら、ゆっくりと手と足を動かし始める。
目を開ける。

7 エクササイズは終わり

自分のエネルギーのレベルをチェックしてみよう。さきほどの1点から10点の評価で、今なら何点を付けるだろう？　紙にその数字を書こう。
瞑想前よりも点数は高くなっただろうか？　もしなっていないなら、もう一度エクササイズを行おう。くり返すうちに、この短い瞑想でエネルギーの周波数を上げるコツがつかめるようになる。

以上のステップを読み上げた音声をスマホに録音しておくと、どこにいてもそれを聞きながら瞑想を行うことができる。ゆっくり、はっきり読み上げ、ところどころに休止を入れて聞きやすくなるように工夫しよう。

瞑想は複雑でもなければ、難しくもない。チベット仏教僧のヨンゲイ・ミンギュル・リンポチェは、「瞑想はただ自分の呼吸を意識するだけだ」と言っている（注8）。**意識して呼吸しているなら、それは瞑想だ。** 瞑想とはそれほどシンプルなものであり、だからこそいつでも、どこでも実施することができる。

呼吸はとても大切な行為だ。現に、息をしなければ私たちは死んでしまう。息を吸うことで命が始まり、そして息を吐き出すとともに命が終わる。呼吸をするたびに体内で何かが生まれ変わると言われるのはそのためだ。私たちは呼吸のたびに生まれ、そして死んでいる。

私たちは呼吸を通して生命のエネルギーを増強している。この生命のエネルギーは、「マナ」「プラーナ」「気」などとも呼ばれる。

呼吸をするたびに生命のエネルギーが体内に入り、身体中のすべての細胞に行きわたり、細胞が新しい命とともに振動する。コントロールされた深い呼吸をするほど、神経系が落ち着き、バイブスが増加する。

1日15分の瞑想から始め、それを30日間続けてみよう。それでも難しいという人は、5分から始めて、だんだんと時間を増やしていけばいい。

私たちの精神はさまざまな制約を受けている。瞑想によってその制約が取り払われ、本来の姿を取り戻すチャンスが手に入る。

瞑想の回数が増えるほど、自分を縛っていた思考の存在に気づき、より客観的に眺められるようになるだろう。

目覚めた意識の状態で行うことはすべて瞑想だ。
——皿洗いさえ瞑想になる。

Part 3

自分を優先する

Make Yourself a Priority

あなたの周波数を
下げてばかりいる人から離れるのは、
利己的でもなければ、弱さの表れでもない。
人生はバランスだ。
人生で優しさを広めることは大切だが、
それと同時に、その優しさを誰にも
奪わせてはならない。

自分をもてなせるのは、自分しかいない

自分を第一に考えるのは利己的だと思うだろうか？

状況によっては、他人よりも自分を優先するのは利己的な行為になる。

たとえば、パイを8等分に切り、その部屋には8人のお腹を空かせた人がいるなら、2切れを自分のものにするのは利己的だろう。

しかし、自分を第一に考えたほうがいい状況も多い。

あなたには周りに与えるエネルギーがたくさんあるが、自分の分も確保しておく必要がある。


誰もがひとりでこの世に生まれ、そしてひとりでこの世を去っていく。

人生でもっとも長く付き合う相手は自分自身だ。この関係を良好に保つことができて初めて、他の関係も良好に保つことができるようになる。

悲しいことに、たとえ悪気はなくても、あなたを傷つけてばかりいる人というのは存在する。彼らは自分の言葉や行動があなたに与える影響をまるで考えていない。

他人の言動で気分が変わるような段階は卒業しているのが理想ではあるが、それができるのは、もっとも高い意識を獲得した人だけだ。

その境地に到達すれば、相手の言動に関係なく、無条件の愛を表現することができる。しかし私たちのほとんどは、まだその状態にはほど遠い。条件や期待なしに他人を愛するような境地には達していない。

まだそういった高次の意識を獲得していないなら、毒になる人たちと定期的に接しているとエネルギーが吸い取られてしまう。その状態が続くと、いずれすっかり消耗してしまうだろう。

ポジティブな人に囲まれているときのほうが、人生のいい面を見るのがはるかに簡単になる。

あなたの人間としての成長は、現在進行形のプロセスだ。

先述したように他人の言動にまったく影響を受けない境地に到達するまでには、まだ長い道のりがあるかもしれない。

そのため、ときには自分にとって害になる人とは関係を断ち切らなければならないこともある。彼らはその毒で、あなたの成長を阻害する。

そもそも誰かからつねに毒を送り込まれていたら、まともに機能することも難しいだろう。笑顔になるような余裕などあるわけがない。

植物を例に考えてみよう。ずっと劣悪な環境に置かれた植物は、成長せずに枯れてしまう。しかし正しい環境で育てれば、植物は大きく成長して美しい姿を見せてくれる。大きく、頑丈に育てば、もう簡単に枯れることはない。

人間にも毒がある。毒になる人とは、あなたのやることなすこと批判する人、あなたに過大な期待を寄せる人、あなたを尊重しない人、あなたをほとんど支えてくれない人だ。

彼らはあなたをぞんざいに扱い、身体的に虐待し、精神を操り、おとしめる。そういった人たちは、たいてい自らの毒と向き合わず、変わろうともしない。

毒になる人が周りにいるのなら、あなたは心の平安を失い、自分が受けた苦痛を他の人にも与えてしまうかもしれない。

そこで、こんな疑問が浮かんでくる。

この状況で利己的なのはどちらだろう？

自分を大切にするあなたが利己的なのか？

それとも、あなたを傷つけておきながら、それでもがまんしろと言う彼らが利己的なのだろうか？


毒になる関係を終わりにするのは簡単ではない。ときにはとてつもなく難しいこともある。

特に近しい関係の人であれば、たとえその人から傷つけられていても、簡単には離れられない。


しかし、そういった人たちを人生から取り除けば、豊かな可能性の川が流れ始める。

内省し、傷を癒やし、成長することができる。植物と同じだ。

正しい環境があれば、あなたは強くなる。

GOOD VIBES 1

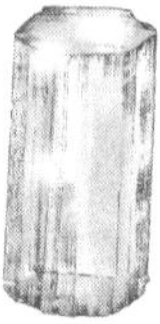

自分の態度をふり返る

私たちは、他人に対して毒になる態度をやめてもらいたいと思っているが、自分の言動をふり返ることはめったにない。

いちばん大切な人間関係は、自分自身との関係だ。だからこそ、自分の毒になる態度は、きちんと断ち切らなければならない。

自分がどんな毒を持ち、どのように周りの人や自分自身を傷つけているのかを知ることが大切だ。

私たちは、自分が怒ったり傷ついたりしているとき、周りの人はみんな平気だと思い込む傾向がある。かわいそうなのは自分だけなのだから、不機嫌な態度をとっても許されると考える。

しかし周りの人も、もしかしたら何かつらいことを経験しているかもしれない。そこであなたが毒のある態度をとると、あなたは自分が傷ついているだけでなく、周りの人も傷つけることになる。

自分は言行一致だと信じている人でも、自分の行動をかえりみないことはよくある。私も実際に経験したことだ。

私はインスタグラムで、よく引用やアドバイスを投稿している。そして、それらの言葉は他の人のSNSでもよく取り上げられ、「元気が出る言葉」として紹介されることが多い。

自分の言葉や考え方がこうやってシェアされていくのはたしかに嬉しいのだが、困ったことに、私の名前が削除され、私の言葉だとわからないようになっていることもある。

特に印象深いのは、たとえ大勢のフォロワーがいて、ポジティブなメッセージをたくさん発信しているようなアカウントでも、自分の間違いを認めないということだ。

彼らに連絡し、私の権利を尊重する形で投稿してもらいたいと依頼すると、そんなことをするとフォロワーが減るという理由で断られてしまう。私の言葉を投稿することで利益を上げている人もいるのだが、それでも私の依頼を無視しているのだ。

ある人によると、「みんなやっていることなのだから、これぐらいでゴチャゴチャ言うな」ということらしい。

特に興味深かった反応の1つを紹介しよう。「気にするな。あんたの名前をわざわざ書く必要はない。あんたがポジティブな人間なら、もう二度と私に連絡するな」

そこで私は気がついた。

どんなに偉そうなことを言っていても、どんなにポジティブな態度と愛を推奨しているように見えても、言葉と行動が一致しない人はいるということだ。

実際のところ、彼らに対応を拒否されたら、私にできることは何もない。失望を乗り越え、とにかくいちばん大切なのは、ポジティブなメッセージがより多くの人に伝わることだと自分に言い聞かせる。そうやって心の平安を手に入れている。

とはいえ、彼らの反応からは、世の中でよく見られる何かを読み取ることができる。それは責任転嫁だ。**自分の行動の責任を取らなくてすむように、まっ先に他人の問題を指摘する。**

自分の行動で誰かが不快な思いをしたとしても、たしかにそれは自分の責任ではないのかもしれない。結局のところ、すべては彼らの受け取り方の問題だ。自分の行動を彼らがどう感じたかということが、彼らの苦痛の原因になっている。

「自分が正しい」という感情にとらわれてはいけない

相手の反応が大げさすぎると感じても、相手が過剰反応をする根本の原因を探る努力は必要だ。たいていの場合、その原因は、彼らが大切にしている価値をあなたが侵害していることだ。

あなたの行動で傷ついたと言う人がいるのなら、その言葉を信じなければならない。そもそも、その人が傷ついているかどうかは、あなたが判断することではないからだ。

他人に向かって「その感情は間違っている」と言うことはできない。ここで必要なのは、相手の感情を理解しようと努力することだ。相手がなぜそう感じるのかを理解し、状況を改善するために自分にできることを考える。

これはすべての人間関係で大切なことだ。人はみな違い、そして誰もが自分の感情を尊重される権利がある。他者の痛みを認識し、理解すると、その人について知ることができるだけでなく、自分自身も成長できる。

人は完全無欠ではない。間違いは誰にでもある。

しかし、間違いから学び、成長し、そして他者への敬意を持つために努力することは必要だ。

自分の行動をふり返り、毒になる態度があれば改める努力をする。
自分に対しても、他人に対しても、毒になる態度をとってはいけない。
その結果、人として成長するだけでなく、
自分を愛することもできる。
成長を阻害しているその態度よりも、
自分はずっといい人間だと、自分自身に示すことになるからだ。

GOOD VIBES

2

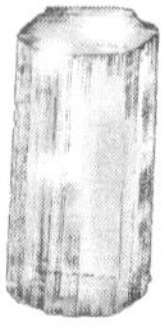

自分がごきげんでいられるパートナーを選ぶ

ときに人間関係では、自らの自信のなさが原因で、一方のパートナーがもう一方のパートナーを罰することがある。

相手に落ち度があるように思わせるのは、自分の限界をごまかし、自分が上だという感覚を手に入れるためだ。このような関係はとても不健全で有害だ。罰せられたほうは自信をなくし、人格を奪われてしまう。

たとえば、あなたが自分の鼻が大きすぎることを気にしていて、パートナーがあなたから見てとても魅力的な人と仲良くしていたとしよう。

あなたはその姿を見て、魅力的な人と自分の鼻を比べてしまう。「あの人の鼻は自分の鼻よりきれいだ」という考えにとらわれると、嫉妬、疑い、憎しみといったネガティブな感情が一気にわき上がってくる。

その結果、自己肯定感や自信が失われ、エネルギーまで低下することもある。

そんなとき、あなたの頭の中では根拠のないバカげた考えが浮かぶ。たとえば、「パートナーはあの人が好きなんだ、なぜならあの人の鼻は完璧だからだ」というような考えだ。そしてあなたは、自分が感じている苦痛をパートナーにぶつけ、浮気をしていると責め立てる。

しかし、パートナーが浮気をしているという証拠はまったくない。あなたはただ、自分の自信のなさをパートナーに投影しているだけだ。そしてパートナーに向かって、悪意を感じる、自分は愛されていない、尊重されていないという気持ちを匂わせる。これは感情による操作だ。**自分の感情に責任を持つのではなく、他の人をはけ口にして感情をぶつけている。**

ここでの狙いは、パートナーにも自分と同じ苦しみを味わわせることだ。相手の誠実さや倫理観を疑い、自分は悪い人間だと認めさせようとしている。あなたは相手の悪いところをすべて指摘する。

そこから言い争いが始まり、さらに不安が高まり、さらに相手を傷つける言葉が交わされ、最終的に破滅的な行動につながるかもしれない。

ここであなたに必要なのは、自分の言動がどこから来ているかを理解することだ。

自分の不安が原因なのか。

それとも、パートナーが本当に不誠実な態度をとっているからなのか。

もしかしたら、パートナーは本当に他の人に色目を使っていたのかもしれない。たしかにこういったことが許容される関係もあるが、たいていの関係では許されないだろう。他者からの尊重を要求することはできないが、自分が尊重されないような環境から出ていくことならできる。

とはいえ、たとえ健全な関係でも不安がまったくないわけでもない。大切なのは、お互いへの敬意とサポートだ。自分の不安を正直に伝え、2人で協力してその不安を乗り越える。相手の不安を利用してはいけない。

コミュニケーションを密にして、深く相手を理解することが大切だが、ときにはそれがとても難しいこともある。もちろん、何か問題があったらあきらめればいいというわけではないが、このままでは自分を失ってしまいそうだというのなら、関係を断ち切ることも必要だ。

ときには自分を癒やすために、毒から離れる必要がある。

不健全な関係を続けていると、自分のいい部分がすべて失われてしまう。こちらの努力にまったく応える気のない人に、自分のすべてを捧げている状態だ。愛の貯金をすべて使い果たしたら、相手の残高が増えるだけで、こちらは一文無しだ。自分を尊重しない人、気持ちを返してくれない人に、自分を与えてしまっている。

健全な関係とは、お互いに力を与えるような関係だ。

自分はダメだ、自分は何かが欠けているとつねに感じさせられているような関係は間違っている。

人間関係で自分が空っぽになっていけない。

特に、相手を満たすために自分を空っぽにするのだけは避けなければならない。

変わる準備ができていない人を変えることはできない

ときに私たちは、相手の可能性を愛することがある。相手が一瞬だけ見せる顔、「もしかしたら、こうなれるかもしれない」という相手を愛するのだ。

過去の真剣な恋愛を思い返してみれば、パートナーはこの世で最高の存在だと思った時期があっただろう。そして時がたつにつれ、期待していたほどすばらしくないということに気づいていく。

完璧な人間はいない。完璧な関係もない。

しかし、私たちはえてして、相手の可能性にすべてを賭け、きっと最高のパートナーになってくれると思い込んで執着してしまう。

心の奥底では、むなしい望みにすがりついているだけだとわかっているのに。パートナーに向上する気がないのであれば、その関係は時間の無駄だ。

また、相手の「自分は変わる」という言葉が本心かどうかたしかめる必要もある。あなたに希望を持たせ、つなぎ止めておこうとする相手の戦術かもしれない。もちろんこれは利己的な行為であり、自分を成長させようとする意思などまったくない人間のやることだ。

たとえ毒になるパートナーであっても、別れがつらいのはよくわかる。毒になる関係を断ち切るのは、口で言うほど簡単なことではない。そのため多くの人は、限界が来るまで毒を長続きさせてしまう。

しかし、別れの苦しみはそのときだけだ。あなたなら一時の苦しみを乗り越えるこ

とができる。

自分にこれ以上のパートナーは見つけられないとあきらめて、不健全な関係を続けてしまう人もいる。また新しいパートナーを探し、関係を一から築き上げていくのが面倒だという理由もあるだろう。自分にはもっといいパートナーがふさわしいということは直感ではわかっているが、その直感を行動に移す勇気がない。

理屈に関係なく「これが答えだ」という直感を頼りにする

今の関係が毒になっているかどうかは、どうやって判断したらいいのだろうか。

1つ例をあげて説明しよう。

以前、ある人からパートナーとの関係について相談を受けたことがある。問題があるのだが、別れるべきかどうか判断できない。

私は基本的に、パートナーとの関係で他人にアドバイスするのは好きではない。当事者でなければわからないことがあるからだ。状況の説明を聞き、いろいろ推測することはできるが、最終的に決めるのは本人だ。

そこで私は、立場を逆転してこちらから質問してみることにした。

「もし自分の娘が今の自分と同じ状況になったら、どんなアドバイスをするだろう?」

相手は立ち止まって考えた。私にわかっていたのは、相手の中ですでに答えは出ていたということだ。ただ、それが正しいと認めてもらったり、あるいはやめるように説得されたりする必要があっただけだ。

決断するのは恐ろしい。そのため、その人は決断を避けていた。しかし、私から質問されたことで、自分がすでに答えを知っていることに気づいたのだ。

親は本能的に子どもを守ろうとする。子どものいない人でも、おそらくその気持ちを想像することはできるだろう。親であれば、大切な子どもに傷つくような経験はさせたくない、人生の喜びを逃してほしくないと願っている。

あのとき私に相談した人は、すでに自分の中で答えは出ていた。

私はいつも、自分の直感を信じるようにアドバイスしている。なぜなら直感は、自分の魂の声だからだ。


ある考えが浮かび、お腹のあたりが奇妙な感覚になったなら、それがあなたの直感

だととらえよう。

直感ほど頼りになるガイドもそうはいない！

頭の中をほぼ支配しているような思考であっても、必ずしも直感の声とはかぎらない。恐怖や欲求から生まれた声かもしれないからだ。

直感は静かな心から生まれる。直感が訪れたとき、あなたの心は落ち着き、何ものにも執着していない。ときに、自分の中にある何かに「気づきなさい」と言われているような気分になることもある。

人間関係は、あなたの人生に価値を与えるために存在する。その人と一緒にいる時間の大半で、ごきげんでいることにつながるグッド《いい》・バイブス《振動》を受け取るのが、人間関係のあるべき姿だ。

毒になる関係を続けていると、まず精神の健康が損なわれ、やがて身体の健康までも損なわれることになるだろう。

ただひとりになるのがイヤだという理由だけで人間関係を続けてはいけない。

別れのときがきたら、勇気を持って関係を終わりにしよう。最初のうちはつらいかもしれないが、いつかそこからもっといいものが生まれてくるはずだ。

不健全なものから離れるのは、大きな勇気の表れだ。
たとえドアから出るときに、少しつまずいたとしても。

GOOD VIBES 3

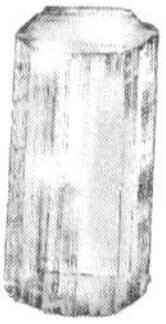

本当の友情を選ぶ

ある日の夜、うつ病と診断され、自尊心の低さに悩む10代の女性からメールを受け取った。彼女は人生を楽しめずにいた。自信がなく、ポジティブな態度を保つのがとても難しい。彼女に向かって「ポジティブになれ」と言っても無意味だった。むしろさらに落ち込ませるだけだ。

彼女と話してわかったのは、友だちの影響が大きいということだ。彼女に向かって、「ブス」「バカ」「一緒にいるのが恥ずかしい」などという言葉を平気で投げつけるという。友人たちは彼女の価値を認めていない。そしてそのことが、彼女自身のセルフイメージにも影響を与えていた。

自分を尊重しない人、自分の欠点を指摘する人が周りにいると、かなりの確率で彼らの意見を内面化することにつながる。

実際、私たちの頭の中にある思考の多くは、自分が生み出したものではない。

あなたも子どものころ、ある特定の生き方や職業には向いていないと言われたことがあるかもしれない。その言葉を信じて大人になると、他の誰かの意見が自分の現実になってしまう。誰かが投げつけてきた言葉や社会の規範が、自分の全人生を決めてしまうのだ。

一緒にいる人を変えることが、もっともシンプルな解決策になることもある。特に、彼らが変わってくれないのなら、一緒にいる人を他に探すべきだ。

実際、先ほどの10代の女性も、前の友だちと離れて新しい友だちをつくると、人生を前向きにとらえられるようになってきた。

SNSが広く社会に浸透した結果、「友だち」という言葉の定義も変化した。友だちはもう、「よく知っている人」という意味ではない。バーチャルの友情が、「友だち」の社会的な意味を変化させた。

現代の私たちにとっては、どんな人でも友だちだ。夜の外出先で1回会ったことがあるだけの人を「友だち」と呼ぶことさえある。

SNSの「友だち」のうち、本当の友だちは何人いるだろう？

困ったときに彼らを頼ることはできるだろうか？

残念ながら、現代の友情の多くは、心の支えや家族のようなつながりが基盤になっていない。飲み会、パーティー、ショッピングなどを一緒にするというだけだ。それにこういった行動のいくつかは、むしろあなたの周波数を下げてしまう。

この種の友情は、お互いが短期的に得をするために成り立っていることが多い。たとえば、パーティーなどのイベントに一緒に行くだけの友だちがそれにあたる。ジムに一緒に行く人も友だちと呼べるかもしれないが、引っ越しのときに、その人に手伝いを頼むことはできるだろうか？　向こうから手伝いを申し出てくれるだろうか？

そういった友情も悪いものではないかもしれない。少なくとも特定の目的は果たしてくれるからだ。

しかし、あなたが本当に助けが必要になったら、彼らはすぐに離れていくだろう。いつでも自分のそばにいてくれることは期待できない。

自分の幸せにつながらない「二流の友情」で満足しない

本当の友だちより、表面的な友だちのほうがたくさんいるということもある。本当の友だちかどうかは、相手の態度を見ればわかる。

あなたが成功したとき、彼らは一緒に喜んでくれるだろうか？

ポジティブな行動を後押ししてくれるだろうか？

人間的に成長するのを助けてくれるだろうか？

これらの問いにはっきり答えられないのなら、今ある友情は、あなたが思っているほど健全ではないのかもしれない。

友人関係で、自分に嫉妬や憎しみが向けられていると感じるなら、あなたは一緒にいる人を間違えているということだ。

本当の友人はあなたの幸せを願っている。あなたの成功は彼らの成功だ。あなたが好運に恵まれても妬んだりしない。むしろ、さらにあなたを後押ししてくれる。

ある種の友だちは、あなたの幸せを望んでいるが、幸せになりすぎるのも困ると思っている。

私たちのほうも、そのような二流の友情で満足してしまわないことが大切だ。彼らはあなたの人生をネガティブなエネルギーで満たすことになるからだ。

人の成長のペースはそれぞれで違う。しかし中には、同じ場所にとどまることを自分で選んだために、なかなか成長しない人もいる。あなたも会ったことがあるだろう。彼らはいつも同じことをくり返し、同じ人と一緒にいて、同じ愚痴をこぼしている。彼らは変化を積極的に拒否している。快適空間の外に出て、今よりいい人生を手に入れようとはしない。今の不満だらけの人生が快適だからだ。

もしかしたら、あなたもそんな人たちのひとりか、あるいは親しい友人がそうなのかもしれない。

けれども、あなたには向上心があり、ついに勇気を出して一歩を踏み出したとしよう。しかし友人たちはそんなあなたが理解できず、お互いの周波数の違いによって、いずれ離れていくことになるはずだ。

また、あなたが魂の成長を望んでいるなら、友人たちからはまったく理解されないだろう。魂の成長は彼らには無縁の概念であり、恐怖すら感じさせるかもしれない。

すべての友だちがあなたに価値のある教えを授けてくれる。あなたが人生で出会う人は、すべて何らかの役割がある。一時的に関わるだけの人もいれば、一生の付き合いになる人もいる。

周りの人よりも成長し、前に進んでいくのは悪いことではない。

あなたにとっていちばん大切なのは、つねに自分の人生であり、一個人として人生を拡張し、成長していかなければならない。

世界のために何か偉大なことができるのは、心からの喜びを感じ、愛にあふれ、成功した人だけだ。

周りの人は違う道を選ぶかもしれないし、あなたと同じ場所にはまだ到達していないかもしれない。

それはそれでかまわない。彼らがあなたと人生をともにする運命なら、いずれまた彼らと合流することになるだろう。

交友関係をシンプルにしよう。
自分の人生に価値を加えてくれる人とだけ付き合い、
そうでない人からは離れる。
たくさんの心ない人よりも、
少数の思いやりのある人に囲まれていよう。

GOOD VIBES

4

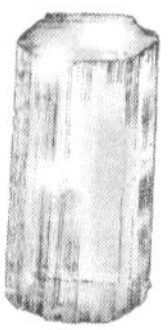

家族と向き合う

家族だからといって、あなたの幸せを願っているとはかぎらない。

私たちの多くは、家族ほど大切なものはないと教えられて育ってきた。しかし血のつながりがあるからといって、必ずしもお互いに支え合う親密な関係になれるわけではない。

友だちのほうが、家族よりもよほど家族らしいということもあるだろう。

家族の誰かが、自分にとってもっとも毒になる人物ということもある。この事実から目を背けてはいけない。

毒になる家族との関係を断ち切るのはとても難しい。どんなに傷つけられても彼らは家族であり、世界でいちばん大切な人でもあるからだ。

たとえば、親を捨てるという行為を自分の中で正当化するのは難しいだろう。ここまで育ててもらったという恩義もある。

絶縁までは必要ないこともある。彼らの行動で自分がどう感じていたかを正直に伝えるだけで、問題は解決するかもしれない。自分の毒に無自覚な人があまりにもたくさんいることに、あなたはきっと驚くだろう。

家族があなたを傷つけていたことに気づけば、態度を変える可能性も十分にある。

家族であっても、考え方や価値観が違うことを受け入れる

家族の意図を理解しようとする姿勢も必要だ。たいていの人は、心から自分の家族のためを思っている。幸せになってもらいたい、豊かで成功した人生を送ってもらいたいと願っている。

しかし彼らにも、誤解や、考え方の限界があり、それがネガティブな態度となって表れることもある。

私の友人が、ワクワクするようなオンラインビジネスのアイデアを思いつき、両親に相談して承諾をもらおうとした。

しかし残念ながら、両親の反応は期待していたものとは違っていた。彼のアイデア

を嘲笑し、説得してやめさせようとしたのだ。

このビジネスで儲けるしくみが、彼らにはまったく理解できなかった。そこで彼らは、「いつまでも夢みたいなことばかり言っていてはいけない、勉強をがんばって大学に行きなさい」と、私の友人にアドバイスしたのだ。

せっかくいいアイデアが浮かんだのに、両親の反応でケチがついてしまったと彼は感じた。

しかも、彼が両親に何かを否定されたのは、これが初めてではない。思い返してみれば、両親にはいつも夢をくじかれてきた。

その結果として彼は、両親は自分を否定していると考えるようになった。だからといって、彼らを自分の人生から追い出したいわけではない。両親のことは愛しているし、それに両親の家に住んでいるからだ。しかしときには、自分は両親に愛されていないと感じてしまうことまであった。

彼が理解していなかったのは、両親のネガティブな意見は彼ら自身の責任ではないということだ。

人生で可能なことや、成功とは何かについての両親の考え方は、彼の考え方とは違っている。それは彼らが、自身の経験や、社会の影響を受けているからだ。ただ息子の世代とは考え方が違うのだ。

たとえ批判されていても、その中に隠された愛をきちんと認識するには、すべての人の考え方には限界があり、個人の主観的な意見にすぎないということを理解する必要がある。

すべての人の中には、もちろんあなた自身も含まれる。

家族から理解を得るための「努力」に手を抜かない

私たちはつねに、いたるところから情報を集めている。そして人生で学んだことのすべてが、信念や考え方に影響を与えている。どんなことを信じ、どんなことを考えるかは、どんな情報を選んで学ぶかによって決まるということだ。

また、たいていの人は自分の経験から物事を判断する。

あなたが違う世界観を持っているという理由だけで、両親が長年信じてきたことを一瞬で捨ててくれると期待してはいけない。両親は偏見にとらわれていると思うなら、あなたにできるのは、違う考え方を提供することだけだ。自分の考え方を彼らに押しつけることはできない。

大学に行かずにオンラインビジネスを始めて成功した事例をまったく知らなければ、子どもがそれを目指すと言い出したらおそらく反対するだろう。両親にとってはまったく未知の世界だからだ。


人間は理解できないものを恐れる傾向がある。家族の事情や背景を理解すれば、心配や批判をそのまま受け取ることもなくなるだろう。


両親のサポートが欲しいなら、まず信頼関係を築かなければならない。これは彼らの仕事であるのと同時に、あなたの仕事でもある。

両親に対してオープンになろう。自分の気持ちや考えを率直に話そう。自分の計画に両親も参加してもらおう。もっと情報を与え、自分の考え方を説明し、失敗したときの計画も話して安心させよう。

彼らの恐怖ができるだけ小さくなるように努力すれば、彼らもあなたを信頼するはずだ。そして信頼があれば、あなたの計画をもっとポジティブに受け取り、サポートしてくれるだろう。

ちなみにこの友人は、両親に自分の計画の詳細を説明した。同じようなことをして成功した事例を紹介し、両親も尊敬している人たちの言葉を引用して、自分の考え方と同じだと説得した。そうやって少しずつ、両親の考え方を変えていった。

あなたも同じような状況にあるなら、自分を疑う人たちを説得できるかどうかはあなた次第だ。できるかぎりのことをして、自分が選んだ道には価値があるということを納得させよう。

やりたいことに対して真剣であることを証明できないなら、他の人が真剣になってくれるのを期待することはできない。

もしあなたの周りの人が、考え方の限界が原因であなたに冷たい態度をとるのだとしたら、そのような悲しい状態から自由になってもいいのだということを彼らに示してあげればいい。

心を開き、できるかぎり温かい態度で彼らに接する。どんなに不当に扱われていても、人として正しい態度の手本を見せてあげよう。そんなあなたの信念と決意に触れれば、彼らもやがて少しずつ変わっていくかもしれない。

ときに、自分を攻撃する人たちの考え方を理解しようと努力し、彼らの態度の中にポジティブな側面を見ようとするだけで、彼らとの関係が改善することもある。

あなたをおとしめる人が同じ家で暮らしている人でもあるのなら、この態度は特に有効だ。これで問題を完全に解決できるわけではないが、彼らのいいところを理解し、状況が改善するまで距離を置くことができれば、これが癒やしへの触媒になる可能性はある。

去ることも選択肢に入れる

本人に変わりたいという意思がなければ、他人を変えることはできない。これは大切なことなのでよく覚えておこう。

影響を与えたり、変化のきっかけをつくったりすることはできるかもしれないが、変化させることはできない。

そして彼らのほうは、インセンティブがなければ絶対に変わろうとは思わない。いい人生が約束される、あなたとの関係が向上するといったインセンティブだ。自分のやり方で問題ないと思っているなら、変わろうという気持ちも生まれないだろう。

ときには、家族の態度が極端に毒のあるものになることもある。肉体的・精神的な虐待がそれにあたるだろう。

私たちは、他人の言動で苦しむためにこの世に生まれてきたのではない。その他人が自分とどんな関係にあろうと同じことだ。

それに、相手の傷つける言動を甘んじて受け入れる態度にも問題がある。継続的に傷つけられているのなら、その人との関係を断ち切るべきだ。

後悔も罪悪感も必要ない。

成長とともに、服は小さくなり、趣味が変わり、
仕事が変わり、友だちが変わる。
ときには家族さえも、成長とともに離れることもある。
自分の喜びと幸福に貢献しないのであれば、
それは過去に置いてきてもいい。

GOOD VIBES

5

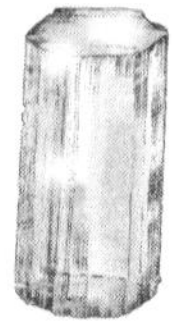

自分を守りながら、他者を助ける

すでに見たように、ごきげんになりたいのであれば、自分よりポジティブな人、自分より高い周波数のバイブスの人と一緒にいることが大切だ。

この解決策は多くの場面で有効だが、もうおわかりのように、そもそも自分の周波数が高い人にとっては問題になる。

そういう人にしてみれば、他人の気分を引き上げてあげるために自分が存在しているようで、どこか納得できないだろう。相手の低い周波数に引きずられ、自分の心も不安定になってしまうかもしれない。そして自分の周波数が下がると、それにつられて相手の周波数もますます下がってしまう。

たとえば、友だちの愚痴をずっと聞いていると、自分まで気分が落ち込んでしまうことはないだろうか。感情は伝染する。

私はそれを、大学の学生寮で学んだ。ルームメイトがガールフレンドと別れ、すっかり落ち込んでしまったことがある。

ある夜、友人たちと一緒に外出していたとき、彼だけが先に部屋に戻った。すると、彼の元ガールフレンドから、彼の様子を確認してほしいと連絡があった。彼女あてに心配になるようなメッセージを送ってきたというのだ。

友人たちと一緒に部屋に戻ると、ドアにはカギがかかっていた。中から大音量の音楽が聞こえてくる。私たちはドアを何度も叩いたが、彼は中に入れてくれない。私たちはパニックになり、管理人に助けを求めた。管理人なら部屋の合鍵を持っている。

部屋に入ると、彼はベッドの上で丸くなり、涙を流していた。彼の手首を見ると、自分で切ったと思われる傷がある。その瞬間、私たちは彼が自殺を考えるほど落ち込んでいたということを知った。あのとき部屋に飛び込んだおかげで、なんとか自殺を阻止し、彼を慰めることができた。

それからの数日間、私たちの部屋にはずっと奇妙な空気が漂っていた。誰もが動揺していた。自殺未遂を図ったルームメイトは、その出来事についてあまり語らなかったが、私とは一緒にいたいようだった。私は毎晩、彼と一緒に過ごし、彼をサポートし、元気を出してもらおうといろいろアドバイスもした。

しかし、しばらくすると、私は自分がいつもの自分でなくなっていることに気がついた。気分がひどく落ち込んでいた。彼の力になりたいという気持ちは本物だが、自分のことも考える必要がある。私は空っぽだった。空っぽのコップからは、何も注ぐことはできない。

私はしばらく彼と距離を置くことにした。彼との関わりは最小限にとどめた。もちろん罪悪感もあった。彼のそばにいてあげない自分を責めていた。神様のように、すべてを受け入れなければならないように感じていた。

しかし、私はすでに壊れていた。自分をいたわらなければ、彼に適切なサポートを提供することもできない。

自分の精神状態が悪いのに人助けをするのは、どこか偽善のように感じられた。

彼はどうやら大丈夫そうだった。私はその様子を見て少しほっとした。やがて私の周波数も上がり、もっと効果的に彼のサポートができるようになった。

これはもう何年も前の話だ。あれからたくさんの変化があった。たとえば、今の私はより精神が目覚めた状態で、理解も深まっている。ありがたいことに、何千人もの人々から信頼され、悩みを打ち明けてもらえるような立場だ。

そしてこれまで学んだことのおかげで、他人のバイブスから影響を受けず、自分のバイブスを一定に保つことができる。相手の周波数がかなり低くても大丈夫だ。

もちろん例外もあり、私からエネルギーを奪おうとしている人や、私の善意を利用しようとしている人が相手のときは、私も意識的に自分を守ることにしている。


自分自身の感情の周波数が十分に高くなければ、落ち込んでいる人を助けようとすると、自分の心も大きな影響を受けて苦しむことになる。


愚痴ばかり言う人と一緒にいて、自分の気分も落ち込んでいることに気づいたら、エネルギーを大量に奪われる危険がある。

話を聞いてあげることはたしかに相手のためになるが、この世界に不幸な人を増やしても、誰の得にもならない。

この状況でもっとも賢い選択は、できるかぎり周波数を上げて自分の状態を変えることだ。自分のバイブスを守るにはこうするしかない。

自分の状態がよくなれば、助けを必要としている人を、より効果的に助けることができる。

他人のバイブスを上げてあげようとする前に、その過程で自分のバイブスが犠牲にならないことを確認しなければならない。まず自分のエネルギーを守ろう。

GOOD VIBES

6

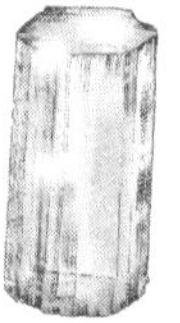

自分を損なわずに、ネガティブな人たちとつきあう

「私の許可なしに誰も私を傷つけることはできない」
マハトマ・ガンジー

世界のほぼすべての人が、周りからどんなに親切ですばらしい人だと思われていても、少なくともひとりの人間からは確実に嫌われている。

家にずっとひとりでいて、誰とも会わず、誰とも話さず、誰からも存在を知られていないような生活を送っているのでなければ、誰にも嫌われないのは不可能だ。

私たちは誰でも、存在を認識されているだけで、誰かに嫌われる理由になる。

私もときにはネガティブなことを言われることがある。いいことをしたはずのときでも悪く言われることがある。

その理由の一部はインターネットの文化にあるだろう。ネットの匿名性に隠れて、人をおとしめるような発言をする人はたくさんいる。リアルの世界では絶対に言わないようなひどいことでも、ネットでなら言える。それに自分の発言の責任を取る必要もない。

生まれて初めてからかわれたときのことを覚えている。私が5歳のときだった。学校の課題で両親の話をすることになった。すると誰かが、「父親はどうしたのか」と尋ねてきた。私は答えに詰まったが、ありがたいことに先生が間に入ってくれた。

実を言うと、子どもには親が2人いるのが普通だとされていることを、当時の私は知らなかったのだ。母親しかいない環境が当たり前だと思っていて、疑問を持ったこともなかった。

そして休み時間になり、クラスの何人かが私をからかいだした。

「こいつお父さんもいないんだよ」と誰かが言った。

「たぶん死んじゃったんだよ」

「お母さんがお父さんなんだ」

私はどんどん腹が立ってきた。そしてついに暴力で反撃に出た。先生には理由を説明したが、それでもかなり窮地に追い込まれた。

もし学校に通っていなかったら、あんな経験をすることはなかっただろう。たとえ子どもでも、理解と思いやりの不足が憎しみを生むのは同じだ。

私たちはただ「違う」という理由だけで、その人を疎外する。

そのため、接する人が増えるほど、批判される機会も増えることになる。人にはみな自分なりの「普通」の基準があり、それぞれの普通によって他人を判断するからだ。

セレブと呼ばれる人たちがいい例だろう。彼らもただの人間なのだが、より多くの人から存在を知られているために、信じられないほどの批判にさらされてしまう。他人に親切にするのは大切だと言いながら、セレブはその対象外らしい。まるで彼らは人間ではないかのようだ。

悲しいことに、誰でも口では立派なことを言うが、行動がともなっていない。数多《あまた》の偉人や教典の尊い言葉を引用しながら、尊さとはほど遠い行いをする。自分は正しい道を歩んでいると確信し、自分と違う道を選んだ人たちを糾弾する。

他人から否定されるのを避けることはできない。他者と何らかの形でつながりがあるかぎり、その中にバイブスの周波数が低く、あなたをおとしめるような行動をする人は必ずいる。

そんな人に近づかなければいいというのはムリな相談だ。彼らを避ける方法などほとんどないのだから。

自分に向けられたネガティブな言動から身を守る方法を、これからいくつか見ていこう。読んでいくうちに、沈黙と喜びが最高の防御だということがわかるはずだ。

すべての人があなたとうまが合うわけではない。
あなたを受け入れない人もいれば、
あなたを理解しようとさえしない人もいる。
あなたのエネルギーと波長が合わない人もいる。
その事実を受け入れ、ただ自分の喜びを追い求めよう。

GOOD VIBES
7

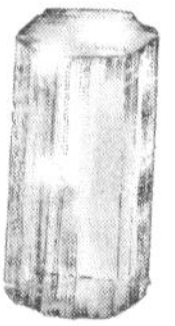

【ネガティブな人の傾向 1】不幸な人は不幸な人を求める

低い周波数のバイブスの人は、周りの人の周波数も自分と同じレベルまで引きずり下ろそうとすることが多い。

あなたの幸福を受け入れることができないために、あえてあなたの問題を指摘したりする。

誰かがあなたに愛情を見せたり、興味を持ったりするのが許せず、そしてどんなに引きずり下ろそうとしても、まだあなたを愛する人がいるので、さらに憎しみを募らせていく。

インターネットは、他人の不幸を見るのが好きな人たちであふれている。彼らはつねに物事を悪いほうに考え、誰かが失敗すると大喜びだ。

間違いを犯したり、大きな打撃を受けたりした人がいると、その人のことがすぐにトレンドに上がってくる。

他者の不幸の依存症になるような文化が蔓延しているからだ。

GOOD VIBES
8

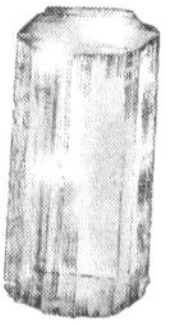

【ネガティブな人の傾向 2】進歩を嫌う

あなたが大きな音を出すと、誰かが「静かにしろ」と言ってくる。
あなたが明るく輝くと、誰かが「明かりを消せ」と言ってくる。
単純なことだ。
何もせずに大勢の中に埋もれていれば、誰もあなたを嫌わない。

あなたに憎しみをぶつける人は、すばらしい人生に向かって努力するあなたの自信を脅威に感じ、嫉妬しているだけだ。

あなたが成功すると、自分の成功が脅かされる、あるいは自分が置いていかれると感じているのかもしれない。
自分が称賛されたくてもされないのに、自信をつけたあなたが周りから称賛されるのが耐えられないのかもしれない。

自分にはできないという思い込みがあり、無力感にさいなまれているために、無限の可能性を信じているあなたが気に入らないのかもしれない。

彼らはあなたのやる気に冷や水を浴びせ、自分のエゴを守ろうとする。あなたをおとしめれば、自分が少しはましになったような気がするのだろう。

そういう人たちは間違いなく存在し、素晴らしい人生への道で必ず出会うことになる。彼らの存在を否定するのは間違っているが、わざわざ彼らに反応する必要もない。彼らの狙いも、まさにそこにあるのだから。

あなたを落ち込ませ、自分のエゴを守ろうとしているのだ。

GOOD VIBES 9

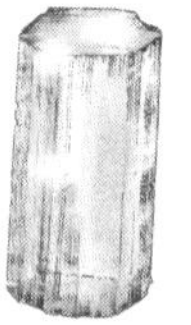

【ネガティブな人の傾向 3】傷ついている人は他人も傷つける

外の世界に向けてどんな態度をとっているかを見れば、その人の内面で起こっていることがわかる。

自信をなくすようなことを言ってくるのは、その人自身に自信がないからだ。

たとえば、悲しんでいる人は、愛がなくて意地悪な態度になる。痛みと心の苦しみはバイブスの周波数を低くする。これが苦痛のドミノ効果だ。傷ついている人が周りの人を傷つけ、さらにその人が周りの人を傷つける。

しかし、他人を傷つけても自分の傷は癒やせない。インドの精神指導者Oshoによると、これは自分の手で壁を殴るようなものだ。自分の痛みを解消するために他者を攻撃するのは、怒りを壁にぶつけ、壁を壊そうとするのと同じだと彼は言う。問題があるのは壁ではなく、彼ら自身だ。結局は、壁自体は彼らに何もしていないのに、彼らはさらに傷つくことになる。

GOOD VIBES

10

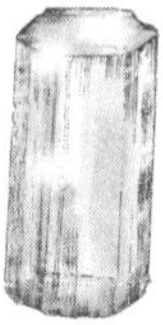

【ネガティブな人の傾向 4】
違いを嫌う

人は自分と似ているところがある人に引き寄せられる。それを証明しているのが、神経言語プログラミング（NLP）のテクニックの1つである「ミラーリング」だ。相手の身振りやしぐさをまるで鏡のように真似すると、相手は自分を好きになるという。

たとえば、いつも元気でにぎやかな人は、同じような人に会うと、その人に対して好印象を持つ。

話し方、身振り手振り、声のトーンが自分と似ていると、「よくわからないけれど、この人にはとても好感が持てる」と感じる。それはつまり、相手があなたとよく似ているからだ。

この法則には逆のパターンもある。

相手が自分と似ていない場合は、たいてい親近感を抱かない。

あなたとまったく違うタイプの人は、おそらくあなたのことを「変わり者」と思うだろう。

究極的に、彼らはあなたを理解せず、理解したいとも思わない。

なぜならエネルギーの波長が合わないからだ。

GOOD VIBES

11

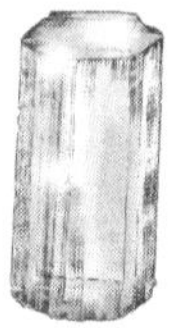

【ネガティブな人の傾向5】孤独と退屈は注目を求める

人生がつまらないと、他人に意識が向く。

誰かを憎んだり、挑発したりして、興奮や周りからの注目を手に入れようとする。

インターネット・ミームに大きな拡散力があるのもこれが理由だ。誰かをからかうことで笑いを取り、注目を集めようとしている。

彼らの狙いは、「いいね！」やコメントをたくさんもらい、たくさんシェアされ、即席の喜びを手に入れることだ。

そのときは気分がよくなるかもしれない。自分が何かすごいことをしたような気がするだろう。しかし、そこから次の項目につながっていく。

誰かを批判するとき、人はたいてい自分について語っている。
自分の不安、ニーズ、考え方、態度、歴史、限界を表現している。

それらの言葉からはっきり見えるのは、彼らの未来だ。
彼らはおそらく成功しない。
楽しい人生を送ることもない。
それは、貴重な時間を他人の批判に費やしてしまっているからだ。

GOOD VIBES

12

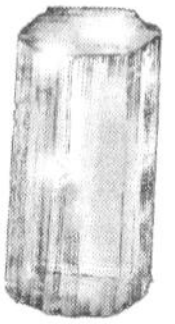

すべての人を喜ばせようとするのをやめる

私たちは、人から受け入れられるためにいろいろなことをする。しかし、いい人生を送り、心の平安を保ちたいなら、たまには少しわがままになることも必要だ。

すべての人を満足させるのは不可能だ。

だからそもそも、そんなことを目指してはいけない。

人にいい顔ばかりするのはもうやめよう。


他人ではなく、自分を喜ばせるようにしよう！


私自身、問題を抱えた人を助けたいという気持ちが大きいので、すべての人を幸せにするのは不可能だ、という考えを受け入れるのが難しいのはよくわかる。

昔は週に何百通ものメールを受け取り、悩み相談に答えていた。彼らの力になりたかったからだ。

ときにはとても長いメールが届くこともある。2000字にもなるメールもあった。私はやるならとことんやるタイプなので、真剣に返事を書く。この長さのメールを読み、そしてすべての悩みに答えるためにメールを書くと、かなりの時間を費やすことになる。

すべての人に返事を書くのはほぼ不可能だ。そこで返事が来なかった人の中には、私に無視されたといって腹を立てる人もいる。私は申し訳なくなり、そして自分を罰するようになる。他にも急ぎの仕事はあるのだが、それらのメールに返事を書くために必要以上の時間を使ってしまう。ここまでくるともうお手上げだ。

ついに、すべての人を喜ばせることは不可能だと悟った。

だから、それを目指すべきではないし、できなかった自分を責めるべきでもない。**ここで大切なのは、自分のニーズに優先順位をつけることだ。**私もまさにそれを実行し、後はもうふり返らなかった。

他人に批判的なコミュニティに育った人なら、私の経験に共感できるのではないだろうか。

子どものころ、私の周りではみんなに認められる職業が決まっていた。たとえば医者になれば、頭がよく、お金持ちで、人のために働く人という評判が手に入る。

しかし、たとえ医者になっても、それでまったく批判されなくなるわけではない。

たとえば、仕事が忙しいために30歳まで独身だったら、あの人はどこか問題があると思われる。家を買わなかったら、お金の問題を抱えていると思われる。医者になってすべてを手に入れても、子どもがいなければ不妊の問題があると思われる。

人に規範を押しつけるコミュニティでは、いつも誰かから欠点や間違いを指摘されることになる。

私はときどき、他人の意見をあまり聞かないという理由で、傲慢だ、頑固だと非難されることがある。これもまた、他人を批判する文化でよく見られる傾向だ。

建設的な意見は私たちの成長の助けになる。

しかし、誰かの意見を聞いて、やる気がなくなるのであれば、それはポジティブな気持ちから発せられた言葉ではない。

「フィードバック」の仮面をかぶった罵倒や非難であれば、わざわざ聞く必要はない。

つねに他人を満足させることを目指していても、
その目標は絶対に達成できない。
そして結局は、相手を満足させられず、
自分も満足させられない。

GOOD VIBES

13

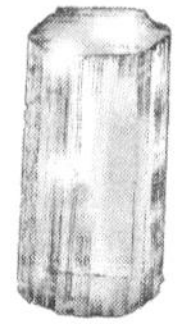

グッド・バイブスで自分を守る

もっと前向きに人生を生きようと心に決めた私は、不健全な習慣をやめ、できるかぎりポジティブになろうと努力した。

すると、私のこの変化をよく思わない人たちが現れたのだ。

彼らは昔の私のほうが好きだと言う。愚痴を言い、攻撃的で、批判的な私に戻ってもらいたい、と。

私の態度は彼らにとってポジティブすぎたようだ。中には私の変化は偽物だと言う人もいた。

彼らの気持ちは理解できる。

私自身、愚痴ばかり言う人から、物事のよい面を見る人に意識的に変化したのだ。

昔は感情の周波数が彼らと同じだったが、自分の意思で上昇させた。

感情の周波数が彼らから離れるほど、彼らから見た私はどんどん「偽物」になっていく。彼らの目には、ムリをして違う人間を装っているように見える。これもまたグッド・バイブスの法則だ。

人と人の間に距離ができると、どちらも一緒にいるのが苦痛になる。周波数の波長が合わないからだ。

ときにはこれが、離れなければいけない人を見分ける指標になることもある。

1つ明らかなのは、この新しく身につけたポジティブな態度が、ある種の人々を遠ざけたということだ。

誰かが無礼な態度をとると、私はむしろ優しく対応する。彼らの誘いに乗ってバトルを始めたりはしない。

すると彼らは退散していった。無礼な態度に優しさで返されると、どう対応していいかわからないからだ。

彼らに避けられるのはむしろありがたかった。彼らはバイブスの周波数が私よりもはるかに低く、周波数を上げようという気持ちもまったくない。今の皮肉な態度で満足していた。私たちのエネルギーはまったくかみ合わない。そのため彼らは、私の存在のフィールドから消えていった。
私から離れていく必要はなかった。彼らのほうから離れていったからだ。

ネガティブな人の中には、
ポジティブなものにアレルギー反応を起こす人もいる。
だから、思い切りポジティブになろう。
そうすれば、彼らはあなたに近づけなくなる。

GOOD VIBES
14

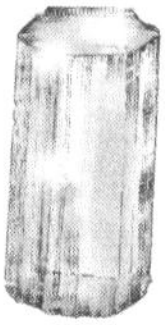

毒になる仕事なら、勇気を出して辞める

殺人事件の現場として知られている小道があったら、なるべく通らないようにするだろう。そこを通ると、自分の身に何か恐ろしいことが起こる可能性がある。自分がどう考えていても、その道が危険であることに変わりはない。

もう少し穏便な例で考えてみよう。

友人の誕生日パーティーに招待されたときに、あなたをいつも言葉で攻撃する人もそこに来ると知っていたら、自分の身を守るために招待を断ることもできる。自分が行くと、相手の攻撃が始まってしまうだけだ。

しかし、2つの例と同じように危険であることがわかっていても、そう簡単に避けられない状況もある。

まず思い浮かぶのは職場だろう。職場にイヤな人がいても、出社しないで家にいるわけにはいかない。

前にも触れたが、私も会社勤めをしていたときに上司と合わずに苦労したことがある。あの経験を今からふり返れば、上司の事情も理解できる。彼には彼の人生があり、彼も自分の上司からのプレッシャーを感じていた。それに私も理想の部下ではなかった。自分の仕事が好きになれず、本気で働いていなかった。

まともな職に就けたことには感謝していたが、それでも自分が本当に好きなことをしたほうがいいのは明らかだった。私が本当にやりたかったのは、ポジティブな生き方を世界に広め、人々の人生を向上させることだ。そこである日、私は勇気を出して大きな一歩を踏み出した。仕事を辞め、未知の世界に飛び込んだのだ。

あれは大きなリスクだった。貯金はほとんどなかったので、金銭的にも厳しくなる。大胆で勇敢だと言ってくれる人もいるだろうが、ただの世間知らずだと一蹴されてもしかたがない。

それでも、仕事を辞めてからは、毎朝目を覚ますたびに感謝の気持ちでいっぱいになった。お金の面ではたしかに困ることもあったが、この心の平安はどんなお金より

も価値がある。

私はすぐに本当にやりたいことを始めることができた。ブログを開設し、ライフスタイルに関する記事を書き、自分を高める方法をたくさんの人たちに伝えていった。

あの決断を後悔したことは一度もない。

そして、一歩を踏み出す前に経験したすべての苦労にも感謝している。

自分に合っていない仕事をして傷ついた経験は、私に知恵を授けてくれた。自分と他の人たちのためによりよい人生を創造しようという決意を新たにすることができた。

害のある職場にずっととどまってしまう人はたくさんいる。

しかしそのままでいると、精神の健康を害し、人生全般の幸福感が大きく損なわれるだろう。

たとえ嫌いな仕事であっても、辞めるのは勇気がいる。そしてたいていの場合、「もうたくさんだ」と宣言して行動を起こすことができないのは、お金が原因だ。人間は本能的に安心と安全を求めるので、未知の世界に飛び込むのは恐怖がともなう。

とはいえ、仕事を続けていたからといって安心が約束されるわけではない。給料、昇給、昇進など、仕事に関わる多くのことは自分でコントロールできないからだ。そもそもクビにならないという保証もどこにもない。

現在の毒のある環境にとどまっていてはいけない。自分にはもっといい人生があるはずだと気づいたら、勇気を出して一歩を踏み出そう。

急ぐ必要はないが、毒のある環境に長くとどまるほど、せっかくの人生を無駄にしているということは覚えておこう。

信じられないかもしれないが、あなたの生きる目的は、残りの人生を嫌いな仕事をして過ごすことではない。

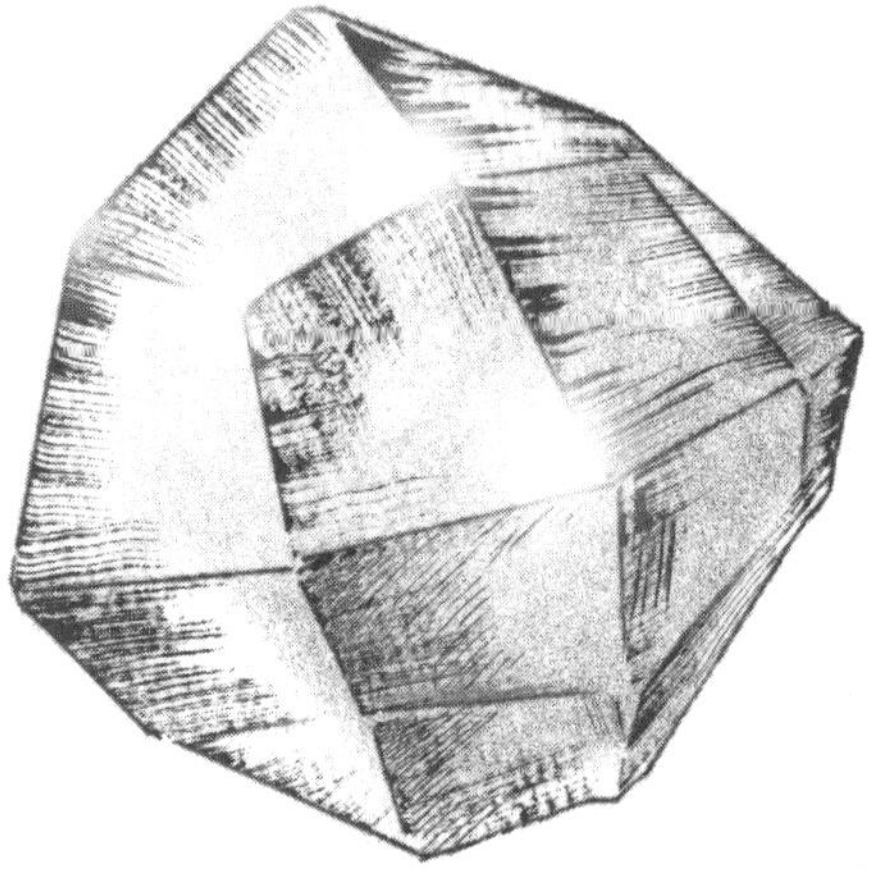

自分を受け入れる

Accepting Yourself

Part 4

つねに他人にとって大切な存在になれる
わけではない。
だからこそ、自分にとって大切な存在に
なることが必要だ。
自分という人間を好きになろう。
自分をケアしよう。
自分にポジティブな言葉をかけよう。
自分を支える人になろう。

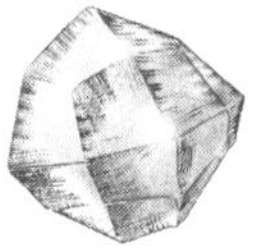

自分のニーズを尊重し、他人をあてにしない人生をおくる

ある人がこんな質問をした。

「自分の好きなものをすべてあげてくださいと言われたら、自分は何番目に登場するだろう？」

この質問は、私たちの多くが自分自身をないがしろにしていることに気づくきっかけになる。

自分を大切にしない風潮は、今の社会に原因がある。自分が自分をどう見るかということよりも、他人からどう見られるかということばかり気にしているからだ。

他人と効果的にコミュニケーションを取り、自分のことを好きになってもらえば、目標を達成する助けになるだろう。

しかし、その前に、もっと大切な問題がある。

あなたは自分のことが好きだろうか？

私たちは他人の目を気にするばかりで、自分が自分をどう思うかという問題はずっと避けてきた。その結果、私たちの社会は、他人に自分をよく見せ、他人に好かれることばかり考える文化が蔓延してしまった。そして自分で自分のことが好きになれないために、みな心の奥底では満たされない思いを抱えている。

もちろん、自分の才能が世の中に認められるのは嬉しいものだ。仕事が報われるのも、成果を称賛されるのも、見た目をほめられるのも悪い経験ではない。そういった経験があってこそ、私たちは自分の存在を正当化することができる。心が躍り、愛されていると感じる。生きていてよかったと実感できる。

しかしこれでは、つねに他人を喜ばせ、自分の価値を証明し続けなければならない。ただ他人を感心させるために必要もないものを買い、お金の問題を抱えることになる。その他人は、あなたの幸せのことなど気にもかけていないだろう。

私たちは、自分自身でいることで世界を変えるのではなく、周りに合わせて自分を変えようとする。

持って生まれた美しさを、社会の期待に応える美しさに変えてしまう。外側の目標ばかりを追い求め、魂の成長をすっかり忘れている。

自分自身にも愛と優しさを向けなければならない。

自分を変えようとするのではなく、心地よくいる許可を自分に与えよう。

自分自身の世界を変えれば、その過程で周りの世界を変えるスキルを磨くこともできる。

自分に対して優しさや尊重の気持ちを向けずにいると、私たちは不安になり、そのことが自信、態度、健康に影響を与える。その結果、自分の望む形で他者に愛を向けることができなくなり、それは巡りめぐって自分が受け取る愛にも影響を与える。自分を受け入れ、自分自身でいることに静かな喜びを感じている人は、周りに自然と人が集まってくる。そのため、自分を愛することは、強固な人間関係を築くために欠かせない要素になる。

自分を愛することができず、そのためパートナーとの関係にも不安を抱いている若い女性がいるとしよう。

彼女が不安なのは、彼の周りにいる女性たちと比べると、自分の容姿が見劣りすると感じているからだ。彼女は不安のあまり、彼のスマホを勝手に見て、メッセージのやりとりを監視している。それは彼から見ると、信頼と敬意が欠けた行為だ。

たとえ2人が心から愛し合っていたとしても、この関係はうまくいかなくなるだろう。原因は、彼女が自分自身を愛していないことだ。

彼女の態度が彼に苦痛を与えるようになる。そして彼は、彼女の行動は自分を本当に愛していないからだと考えるようになる。その結果、彼の自尊心も低下する。これで2人の関係は負のスパイラルに陥ってしまった。いずれ終わりを迎えることは避けられないだろう。

ありのままの自分を受け入れている人は、自分の幸せと喜びを大切にしている。そして、すべての人からありのままの自分を受け入れてもらえなくても満足できる。自分の価値は、自分がいちばんよく知っている。だから、他の人から認められなくても気にならない。それに加えて、他の人が認めない理由も理解するようになるだろう。しかし、残念ながら、ほとんどの人は自分自身を受け入れていない。そのため他の人に対しても、欠点を見つけてやろうとするのだ。

自分を無条件に愛そう。

自分の思い込みに気づき、そう思い込むようになった理由を理解すれば、人生に意義深い変化を起こすことができる。

この成長への旅が、あなたを自己受容へと導いてくれる。すると、あなたの世界は、喜びにあふれた経験で満たされるだろう。

GOOD VIBES 1

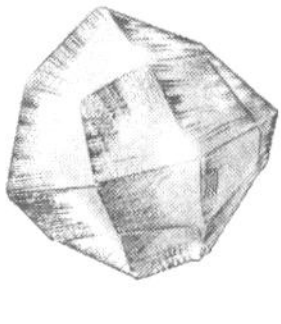

自分の見た目の美しさを認める

自分であることに満足し、自分の身体を大切にするのは健全な習慣だ。考えてみれば、自分に肉体があるというだけでもすごいことだ。あなたもまた、自然の驚異を体現する存在なのだ。

この世界が創造されたとき、そこには人間の肉体美を評価する決まりや基準は存在しなかった。美の基準を決めたのは人間だ。そして現代では、主要メディアが中心となって美の基準を操作している。

自分の美しさをきちんと理解できるのは、自分を愛している人だけだ。しかし、正直なところ、それはとても難しい。メディアが押しつけてくる美の基準に毎日のようにさらされ、私たちはすっかり自信をなくしている。他人と自分を比べないのはほぼ不可能だろう。

一般的に美しいとされる人たちのイメージが、洪水のように押し寄せてくる。雑誌や広告の写真は、商品やイメージや夢を売るために修正されていると頭ではわかっているが、そんなことは簡単に忘れ、目にするたびに自信を喪失していく。

私たちはいわゆる「完璧な肉体」と自分を比べ、自分の欠点をかぞえ上げる。

ことあるごとに美のイメージを押しつけられ、それを何の疑いもなく受け入れていると、やがてそれが潜在意識の中に刷り込まれてしまう。

世間的な美の基準に合わないものはすべて欠点であり、私たちはそれに批判的な目を向けるようになる。つねに基準に照らし合わせて外見の美を評価するようになる。そしてこのことは、私たちが他人を見る目だけでなく、自分を見る目にも影響を与えている。

インターネットにはネガティブな態度があふれている

この仕事を通して、私はたくさんの若い人たちから悩みを聞く機会に恵まれた。彼らの中には、SNSでたくさんのフォロワーを持つ人もいれば、ごく普通の10代の若者もいる。

あるとても有名な少女と知り合った。彼女とはかなり親しくなったのだが、悲しいことにどうやら彼女は、SNSで人気が出るにつれてアンチも増えていったようだ。SNSで加工していない自分の写真を投稿すると、「ブス」というコメントが殺到するという。批判やからかいに耐えられなくなり、とうとう彼女は整形手術を受けることにした。

それでもアンチのコメントは止まらなかった。最初は世間の美の基準に照らし合わせて完璧ではないことを責められ、そして今度は完璧に近づけようとしたことを責められる。もう真実は明らかだろう。**すべての人を満足させるのは不可能なのだ。**

また、この少女のファンだという他の少女とも話したことがある。彼女もまた、自分の好きなアイドルと自分を比べて落ち込むことがよくあった。そのせいで、他の人に意地悪な態度をとることもあるという。他の有名人のSNSにネガティブなコメントを残しても、何とも思わなかった。自分の好きなアイドルほどかわいくないのだから当然だと思っていた。

そこで私は、彼女の好きなアイドルもそういうネガティブなコメントに傷つき、整形手術を受けることになったのだと指摘した。

このように、残念ながら、ネットにはネガティブな態度があふれている。

人と比べる文化にどっぷり浸かっていると、ネガティブで愛のない思考から抜け出せなくなってしまう。

世間的な美の基準から自分を評価し、自分の価値を下げるようなことは絶対にしてはいけない。私たちに押しつけられた「理想」は、すべて自信のなさや、何かを売りたいという魂胆から生まれている。

考えてみよう。私たちがありのままの自分を本当に受け入れられるようになったら、いったいどれだけの商売が消滅するだろう？

あなたの価値は、ジーンズのサイズでは決まらない。
あなたの価値は、肌の色では決まらない。
あなたの価値は、体重計の目盛りの数字では決まらない。
あなたの価値は、顔の傷跡では決まらない。
あなたの価値は、他人の期待では決まらない。
あなたの価値は、他人の意見では決まらない。

あなたの美しさは万人には認められないかもしれない。でも、それでかまわない。

認められないからといって、あなたが他の人よりも美しくないということではない。完璧の基準は主観的であり、完全に個人の考え方だ。自分の「不完全さ」を堂々と身にまとおう。それはあなただけの個性だ。いつでも自分の美しさに感謝しよう。

自分ではなく他の人になりたいと感じている人はたくさんいる。しかし、自分だけの美しさを認め、抱きしめることができれば、自分であることに誇りを持ち、本当の自分として生きていくことができる。

ありのままの自分を受け入れている人は、世界に刺激を与えることができる。もしかしたら、その人はあなたかもしれない。

世間が決めた美の基準に惑わされ、自尊心を失ってはいけない。
ありのままの自分を受け入れ、愛してあげよう。
欠点を抱きしめ、自分自身であることに満足しよう。
自分の不完全さを身にまとおう。
それは流行を超越したファッションだ。

GOOD VIBES

2

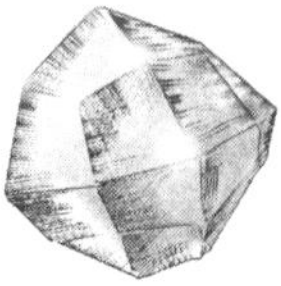

比べる相手は自分だけ

人との比較は、私たちが悲しみを感じる大きな理由の1つだ。

私自身、自分を人と比べたために喜びを失ったことが何度もある。

自分の人生を周りの人たちと比べ、つまらない人生だと感じて恥ずかしくなる。学校に通っていたころは、めったに友だちを家に呼ばなかった。お世辞にも立派とは言えない小さな家が恥ずかしかったからだ。

この世界で生きていて、自分と他人を比べずにいるのはとても難しい。

私は以前、瞑想中に子どものころのことを思い出した。私は他の子たちと一緒にゲームをした。たぶんまだ10歳ぐらいだっただろう。私よりいくつか上の男の子が、私たちがやるゲームを決めていた。どうやら私たちのリーダーのつもりだったようだ。

ゲームが中断すると、そのリーダーは子どもたちを一通り見わたして、着ている服の批評を始めた。リーダー自身はブランド物のとても高い服を着ていた。

彼はとても失礼な言葉で他の子たちが着ている服をバカにした。自分の順番が近づき、私はドキドキしてきた。私の服はもちろん高級ではない。他の子たちの前でバカにされ、貧乏と言われるのは耐えられなかった。ただでさえ家の事情を恥ずかしく思っていたので、そんなことをされたら、さらに自信が崩れてしまう。

ありがたいことに、私の番が来る前に邪魔が入り、私は批評から逃れることができた。とはいえ、貧乏だとからかわれることへの恐怖がそれで消えたわけではない。むしろ年を重ねるごとに恐怖は大きくなっていった。

うちには3人の子どもがいて、母は最低賃金で働いていたが、それでも私はからかわれる側にまわることは回避できていた。

しかし、たとえナイキのスニーカーを買ってもらえたとしても、それはいちばん安いものだ。私は高いナイキを履いている子を見るたびに、自分の貧しさを恥じ、自分など取るに足らない存在だという気分になった。私も彼らと同じものが欲しかった。

そしてそんなときは、自分が持っていないもののことで頭の中がいっぱいになってしまったものだ。

他人からの「ポジティブな刺激」と「嫉妬」の違いを理解する

他人と比較する習慣は、親から受け継ぐことが多い。

親はつねに子どものためを思っている。そのため子どもにやる気を出させようと、あえて他の子どもと比較することもあるかもしれない。たとえばこんなふうに言う。「あの子は成績がオール5だったそうよ。とても頭のいい子だから将来が楽しみね」

親に悪気はまったくないのかもしれない。しかしこの言葉には、子どもの能力を否定するような響きがある。特に自分はほめられないというのならなおさらだ。

他人と直接的に比較されると、子どもは自分がおとしめられたと感じ、自信を失う。「あなたもあの子のように頭がよくなりなさい」という言葉が与えるダメージは計り知れない。子どもは永遠に劣等感にさいなまれることになるだろう。

ブランドのマーケティングも、人に比較をさせることが狙いだ。アップル製品を持っていないのなら最先端ではない、ランボルギーニに乗っていないのなら成功者ではない、セレブと同じものを着ていないのならおしゃれではない、というように。巧妙なマーケティング戦略を通して、このようなメッセージが送られてくる。すべて私たちの恐怖心と低い自尊心がターゲットだ。

比較するときは、たいてい自分より上の人と自分を比べる。自分より苦しんでいる人と比べることはめったにない。そのため、すでに持っているものに感謝することを忘れてしまう。

SNSの隆盛も問題だ。今では小さな子どもから大人までSNSに夢中になり、SNSで描かれる他人の生活はかなり脚色されているということに気づいていない。つまり彼らは、自分の人生をフィクションと比較しているのだ。

SNSで誰かの幸せそうな写真や動画を見たら、その人がその幸せを手に入れるまでの道のりを自分は知らないということを思い出そう。すべての勝利の裏には、たくさんの血があり、汗があり、涙がある。SNSでしょっちゅうラブラブぶりをアピールしているような有名人も、拒絶され、いじめられたことがあるかもしれない。1枚のキラキラした写真の陰には、50枚の削除された写真がある。

SNSとリアルではまるで印象が違う人もいる。画像の加工フィルターや気の利いたコメントで真実がゆがめられ、実際よりもよく見えていたということだ。

また、「いいね」やコメントをもらい、フォロワーがつくと、それだけで自分が認められたような気がする。SNSをしているとき、人間の脳内ではドーパミンという物質が分泌される。これはいい気分になるホルモンであり、依存症を引き起こす原因にもなる。あなたがSNSで見ている人たちは、もしかしたら自分自身を愛することを忘れ、その空白をSNSで埋めようとしているだけなのかもしれない。

他人との競争で生まれるのは、成長ではなく苦痛であることを覚えておく

大切なのは、他の人がネットで何をして、何を投稿しているかということではない。彼らの人生で何が起こっているのか、彼らがどこまで成功したのかということではない。大切なのはあなただ。あなたの競争相手はあなた自身だ。

あなたが毎日しなければならないのは、昨日の自分に勝つこと。

あなたが比較する相手は、昨日のあなたしかいない。

最高の自分になりたいのであれば、自分の人生と目標に集中しなければならない。

人生の旅は2つとして同じものはない。あなたはあなたの道を進んでいる。私たち

の誰もが、自分のペースで人生の道を進み、それぞれのタイミングでそれぞれの段階に到達する。

人生というショーでもっともおもしろい場面に到達した人もいれば、まだ舞台裏で準備している人もいる。まだ準備の段階だからといって、人生の晴れ舞台に立てないというわけではない。

他の人たちの人生を見て、その成功を称賛しよう。それがすんだら、自分の人生に集中する。今あるものに感謝しよう。そして、自分の夢に向かって進みながら後ろをふり返れば、すでにかなりの道のりを進んできたことに気づくはずだ。

他の人がしていることを気にしてはいけない。
あなたの人生は他の人のものではなく、あなたのものだ。
彼らが進む道ではなく、自分の道に集中しよう。
あなたの旅は、あなたの道にある。

GOOD VIBES

3

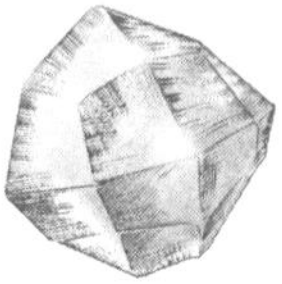

内面の美しさを磨く

「心が美しい」「他者への行動が美しい」などと誰かが称賛されるのを、あなたはどれくらい見たことがあるだろう？　実際、これはとてもまれなことだ。外見の美しさを称賛される回数と比べると、その少なさが特に際立つ。

私たちは見た目の美しさにばかりこだわり、内面の美しさに気づかないことが多い。内面の美しさとは、無条件の愛や優しさのことだ。なぜそうなるのかというと、悲しいことではあるが、表面的な成功を追い求める人たちが、愛や優しさといった資質に興味を持っていないからだろう。

そのため、世間で信奉されている美の基準に合わせるために、多くの人が自分の外見を変えようとする。その一方で、自分の思考や行動を変えようとする人はめったにいない。

優しい心を持つ人が「美しい」と呼ばれるようになれば、もっと多くの人が自分の行動を変えようとするだろう。美しさとは単なる外見だけではない。

外見的な魅力で誰かに惹かれても、その人があなたにとって特別な存在だという意味ではない。 相手の心、精神、魂も、あなたにとって美しくなければならない。
高級スポーツカーも、エンジンがなければただの鉄の塊でしかない。見た目だけが魅力という人もそれと同じだ。価値観を共有していないのであれば、その人と人生をともに歩むことはできないだろう。

本物の美は、目に映るものよりももっと深いところにある。表面的な美しさではない。肉体はつねに変化するが、内面の美は生涯続くこともある。人間の真の価値は内面の美にある。だからこそ、人格を磨くことがとても大切になるのだ。
お金を出して整形手術を受けることはできても、お金で人格を買うことはできない。外見の美しさで多くの人を惹きつけることはできても、本当に偉大な人は、あなたの内面にあるものだけに引き寄せられる。

肉体的な美しさは、肉体的なニーズを満たすことしかできない。心、精神、魂を満たしてくれるのは内面の充実だけだ。

GOOD VIBES

4

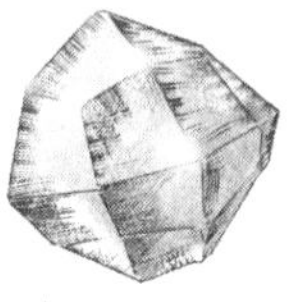

自分の成功を祝う

あなたは毎日、偉大なことを達成している。それに気づいていただろうか？

いつも先のことばかり考えていたら、とてもそんなふうには思えないかもしれない。けれども、**今日あなたが達成したことの多くは、過去のあなたが夢に見ていたことだ。**ただ、それを達成した瞬間に、自分では気づいていないだけだ。あるいは、あっという間に通りすぎて気づかなかったのかもしれない。

たしかに現状に満足していては前に進めなくなってしまう。とはいえ、何かを達成したのなら、それをお祝いすることも必要だろう。そうでないと、人生をふり返ったときに、自分は何もしていないという気分になってしまう。

しかし、考えてみよう。もし本当に何もしていないのであれば、あなたの人生は生まれたときからまったく変わっていないはずだ。

私たちは自分に対して厳しすぎる。自分の失敗はすべて覚えているが、正しくやったことについては思い出しもしない。あなたも身に覚えがあるだろうか？　もしそうなら、あなたもまた、自分に厳しすぎるということだ。

ときには自分をほめてあげなければならない。

あなたは、他人からムリだと言われたことを達成した。自分ではムリだと思っていたことを達成した。

自分に誇りを持とう。

今のあなたがあるのは、かつてのあなたが真剣に闘ったからだ。その功績を認めてあげれば、あなたの心は満たされ、バイブスの周波数が上がるだろう。


私たちは、成功とは有名になること、お金持ちになること、高級品を持つことだと考えている。しかし、もし暗黒の場所から抜け出すことができたのなら、それだけでも大きな成功だ。日々の生活であきらめずに前に進んでいるなら、それが勝利だということを覚えておこう。

GOOD VIBES

5

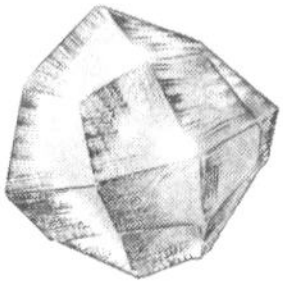

自分の個性を尊重する

誰もが、小さな子どものころは、「人はみな違い、自分自身であることは恥ずかしくない」と教えられる。自分だけの夢を追求するように励まされる。それがどんなに突飛な夢でもかまわない。

しかし年を重ねるごとに、可能性の世界はどんどん小さくなっていく。周りの人たちは、「たしかに自分らしさは大切だけど……でもそれは違う！」と言ってきたり、「あなたはこの世界で何にでもなれる……でも、これがあなたにとって正しい道だ」と言ってきたりする。

心理学の世界には「社会的証明」という言葉がある。これは、自分の意見よりも集団の意見を頼りに判断するという意味だ。他のみんながしているのなら、つまりそれは正しい行動だということになる。

他人の影響はあなたが気づいているよりもずっと大きい。たとえば、新しく開店したバーが2軒あり、1軒は満員で、もう1軒は誰もいなかったとしよう。それを見たあなたは、誰もいないバーは最低で、満員のバーのほうがずっといいと判断する。

しかし、他のみんながしているからといって、それが正しいこととはかぎらない。かつて奴隷制度は合法だったが、現代ではほぼすべての人が、奴隷制度は非人道的で、人権を侵害し、倫理に反すると考えるだろう。


自分の行動に疑問を持ってみよう。

あなたはなぜそれをするのか？

なぜそれを選ぶのか？

本当に、自分で正しいと思うことをしているのか？

それとも、ただ周りに合わせているだけなのか？

周りの影響を受けて何かを選択することがよくあるのなら、それは自分の人生をコントロールする権利を手放してしまっているということだ。

コントロール権を失うと、人はパニックに陥り、そして不安などの低い周波数の状態になる。究極的には、他人の意見の奴隷になり、人生で経験する喜びを自分でまったく決められなくなってしまう。

社会をコントロールしたい人は、「恐怖」と「不足」という手段をよく用いる。自分で選んだ人生ではなく、周りの人が善意でアドバイスした人生を選んでしまった人たちを、私は今までにたくさん見てきた。

他人の人生に口を出す人たちは、たしかに本気で相手のためを思っているのだろうが、相手にとって何がベストなのかはわからない。それに彼らのアドバイスは、たいてい恐怖から生まれている。彼らもまた、過去に他の誰かからその恐怖を押しつけられたのだ。

しかし、他の誰かの思い込みを生きるのは、間違っている。周りの期待に応えなければならない、周りから認められるために決まった生き方をしなければならないと感じるのも、間違っている。

本当の自分でいることをあきらめてはいけない。限界を感じながら生きるのは、間違っている。

群衆ではなく、自分の魂の声を聞き、自分だけの舞台に立つ

かつて誰かが「羊の意見を気にして夜も眠れなくなる虎はいない」と言っていた。

社会の規範に合わせて態度を決める動物から何を言われようと、虎はまったく意に介さない。

一方で、羊はつねに周りの承認を求めている。周りに合わせて進行方向を変え、自分のアイデンティティを失っている。そのため、つねに迷い、不運に見舞われる。

近ごろは「本物」をめったに目にしなくなった。私たちは多くのことを、他の人に言われたからという理由で行っている。いたずらに恐怖心を煽るわけではないが、私たち人間は、他の人間のニーズを満たすように――もっとはっきり言えば企業のニーズを満たすようにプログラムされているのだ。

ただ社会に合わせるためだけに、自分らしさを簡単に手放してはいけない。それぞれの個性を大切にしよう。

周りから変な人だと思われている？　それはすばらしい！

あなたが変な人だと思われるのは、周りの人たちが想像上の箱の中に住み、あなたがその箱には合わないからだ。

社会のニーズを満たさない人間は、「どこか間違っている」という烙印を押される。

しかし、実在すらしない箱に合わせて生きる人生など、いったい誰が望むだろう？

自由な人生に制約は存在しない。私たちはいつでも自分を向上させ、個人として成長することができる。快適空間の外に出て、自分に挑戦することができる。

しかし社会は、ただ自分らしくあるだけで、自分が間違ったようなことをしている気分にさせてくるのだ。

静かにしているのが好きな人は「おとなしい」と言われる。
争いや騒ぎが嫌いな人は「弱い」と言われる。
好きなものに熱中していると「のめり込みすぎだ」と言われる。
社会の儀礼に従わないと「失礼だ」と言われる。
自尊心があると「傲慢だ」と言われる。
外向的でないと「つまらない人だ」と言われる。
違うことを信じていると「間違っている」と言われる。
世間話に参加しないと「人見知り」と言われる。
世の中の風潮に従わないと「変わっている」と言われる。
できるかぎりポジティブでいようとすると「わざとらしい」と言われる。
ひとりでいることが好きだと「孤独」と言われる。

周りと同じ道を選ばないと「脱落した」と言われる。
知識を追い求めると「オタク」と言われる。
学識がないと「頭が悪い」と言われる。
周りと違う考え方をすると「頭がおかしい」と言われる。
お金を大切にすると「ケチ」と言われる。
ネガティブな人々から距離を置くと「裏切り者」と言われる。

言いたい人には言わせておこう。彼らがあなたに望む役割を、わざわざ演じてあげる必要はない。この世界で自分が演じる役割は自分で決める。

自分らしさは、呪いではない。
群れに従うと、群れの一部になり、卓越した存在になることはできない。彼らと同じ道を進んでいると、
彼らと違うものを見るチャンスを手に入れることはできない。

GOOD VIBES

6

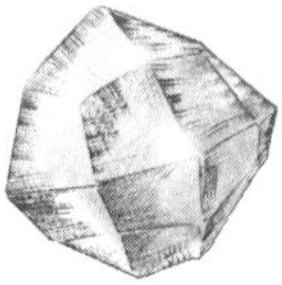

自分に優しく、自分を許す

人は何かで失敗すると、自分の能力への敬意を失ってしまうことが多い。

そして、自分にこんな質問を投げつける。

「なぜ自分はこんなことができないんだ？」

「なぜ自分はこんなに醜いのか？」

「なぜ自分はいつも失敗ばかりするのか？」

私たちの内なる声は、ときにとても批判的だ。この種の質問はたいてい、ある決まった結論を導くための前提の役割を果たしている。自分をおとしめたいなら、きわめて効果的な方法だ。

しかしあなたは、内なる声はいつでも親切な言葉になるように気をつけなければならない。あなたはこれからの人生で、あなたをおとしめる人にたくさん出会うことになるだろう。しかし、あなた自身は彼らのひとりになってはいけない。

自分が自分に優しくならなければ、他人に優しくされるのを期待することはできない。失敗した自分をバカだと責めるのではなく、「人間に失敗はつきものだ、次からはもっと気をつけよう」と声をかける。

言葉は創造的なエネルギーだ（この考え方については次の章でくわしく見ていこう）。言葉にはとてつもなく大きな力があり、その力があなたの人生を向上させることもあれば、人生の可能性を制限することもある。自分をおとしめる言葉を使うのは、人生の喜びを自分から奪うということだ。

子どものころの失敗で、今でも自分を責めているだろうか？　たいていの人は、子どものころの失敗についてはもう自分を許している。まだ何も知らない子どもがしたことであり、それに失敗から学んだからだ。失敗のおかげで私たちは成長できる。この姿勢は、最近の間違いにも適用するべきだ。

すべての失敗が成長の糧になる。しかし、失敗を教訓として活用するためには、まず失敗を手放さなければならない。

起こってしまったことは受け入れよう。それを吸い込み、それを吐き出し、そして前に進む。

あなたもただの人間であり、失敗の深刻度にかかわらず人生を続ける権利がある。してしまったことで自分を責めるのはやめよう。その代わり、もっとうまくできることに意識を集中する。

自分を責めても状況は変わらない。いちばん大切なのは、「次に何をするか」ということだ。

過去を手放す

久しぶりに会った人から「ずいぶん成長したね！」と言われたことはあるだろうか？　その人があなたに久しぶりに会う前に、誰かにあなたの話をしていたら、おそらく最後に会ったときの昔のあなたについて話しただろう。

実際のところ、「昔のあなた」と「今のあなた」はまったく違う。だから、過去のことであなたを判断する人がいたとしたら、それは彼らの問題だ。

彼らはすでに存在しない場所に生きている。人は成長し、成熟する。それが理解できない人は、まず自分が成長しなければならない。

過去を基準に自分を判断させてはいけない。それをする人は、ただあなたの未来の可能性を制限しようとしているだけだ。**ずっと同じ状態のままでいるものは存在しない。それはあなたも同じだ。人は変わる。**過去については、成功や達成したことだけを大切にしていればいい。

それはつまり、あなた自身も過去を手放さなければならないということだ。あなたもおそらく、誰かから一生許せないと思うようなことをされたことがあるだろう。具体的にされたことは忘れてしまっても、そのときのイヤな感情だけは鮮明に覚えているということもある。そういったネガティブな感情に執着していると、あなた自身のバイブスの周波数も低下してしまう。

人を許すとは、過去を水に流すということではない。むしろ自分の現在と未来を向上させるということだ。人を許すと、あなたの心は安定し、内面をポジティブなエネルギーで満たすことができる。

自分を傷つけた相手を許せずにいると、彼らの犠牲者になるだけだ。

たとえば、誰かがあなたを裏切り、その人と大ゲンカになったとしよう。その直後は、まだ怒りが収まらず、傷も癒えていない。あなたはその相手と絶縁し、やがて裏切りのことは忘れてしまう。

しかし、相手と再会し、当時の怒りと傷がよみがえってきた。その時点で、あなたは当時の出来事を思い出し、当時の苦痛を再び感じている。それは本当の意味で相手のことを許していなかったからだ。恨みの感情はあなたの魂を湿らせ、それがあなたを破滅的な決断に導いてしまうかもしれない。

許しとは、誰かの間違った行動を見逃すことではない。それに許したからといって、その相手と付き合いを続けなければいけないというわけでもない。

許すとは、相手の影響力から自由になることだ。**自分を傷つけた人に、自分の思考や感情をコントロールさせない。**そうすれば、彼らに運命を握られることもない。

間違った決断をした自分を許そう。信念を失ったこと、
他人を傷つけ、自分を傷つけたことを許そう。
今までの間違いのすべてを許そう。
いちばん大切なのは、心を入れ替えて前に進んでいくことだ。

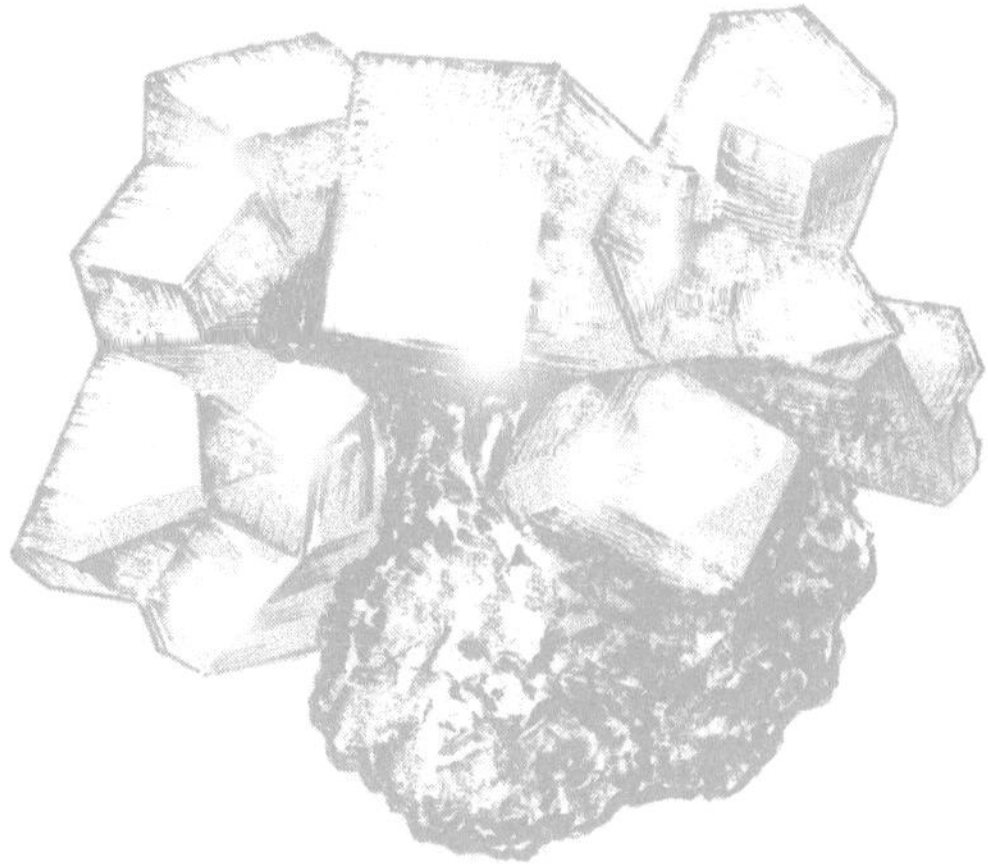

Part 5

夢を実現するマインドを持つ

Manifesting Goals:
Mind Work

「人間の精神が想像できること、
信じられることであれば、
実現することができる」

ナポレオン・ヒル

信じることを、人生の中心に据える

目標を現実化することを目指しているなら、自分の周波数を高い状態に保たなくてはならない。

感情には「似たものを引き寄せる」という法則が働くので、本書で学んできた内容をきちんと実践することがカギになる。

とはいえ、現実化でいちばん大切なのは「信じる心」だ。

何かを信じていないなら、それがあなたの人生で現実化することは絶対にない。

そこで、信じることの大切さと、それが現実に与える影響について見ていこう。

GOOD VIBES

1

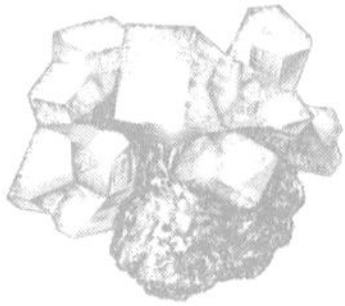

ポジティブシンキングの力を活用する

ポジティブシンキングとは、自分を制限する思考ではなく、自分に力を与える思考を選ぶということだ。

ポジティブな精神がポジティブな人生につながる。私はそう確信しているのだが、純粋に論理的な観点からも検証してみよう。

何かをネガティブとみなしたら、それが同時にポジティブなものとして存在するのは不可能だ。それゆえ、ネガティブなものの見方をしているときに、人生をポジティブとみなすのは不可能ということになる。

ポジティブな精神はネガティブな精神よりも偉大だ。ポジティブシンキングとは、自分を妨害する思考や行動ではなく、自分をサポートする思考や行動を選ぶということだ。そしてそれは、あらゆる状況でベストな結果をもたらしてくれる。

たとえば、クリケットの試合で、バットマン（打者）が最後のボールで6点取らないと負けるという状況だとしよう。バットマンに自信がなく、6点取るのは不可能だと信じていたら、6点取れるプレーに挑戦することはなく、その結果として成功もしない。しかし、ここで「自分は6点取れる」と信じていれば、バットマンは挑戦するだろう。そして挑戦すれば、成功するチャンスも生まれる。

どちらの思考を選んでも、バットマンはアウトになるかもしれない。しかし両者の考え方はまったく違う。

できると信じていれば可能性が生まれる。そしてできないと信じていれば、そもそもチャンスが存在しない。

「できない」というようなネガティブな思考にとらわれていると、目標を達成するための一歩を踏み出すことができなくなる。そして当然の結果として、目標を達成する可能性も低下するだろう。

反対に「できる」というようなポジティブな思考は、挑戦することを許可してくれる。その結果、目標を達成する確率も上がる。

1つの思考はあなたを制限し、もう1つの思考はあなたを欲しいものへと近づける。何かが不可能だと信じるのは、成功を妨げる障害のことばかり考えているということだ。

以前、ある子どもが、自分のサッカーはトップレベルではないので、サッカー選手になるという夢はあきらめると言っていた。

その子が「自分にはできる」と信じることができないのは、サッカー選手になるという目標は非現実的だと思っているからだ。彼の立場では、その夢は不可能だということになる。

一方、その子のある友人は、サッカーのレベルは同じくらいだが、態度はまるで正反対だった。自分はトップレベルのサッカー選手になれると信じていた。

その理由を尋ねてみたところ、他の選手たちの成功物語を話してくれた。

その子にとってこの目標が現実的だったのは、「できない」ではなく「できる」のほうに意識を集中していたからだ。

私もこうやって自分に希望を与え、考え方を変えるようにしている。住む家もなかったころの私なら、その後の人生で達成したことを、すべて「非現実的」と切り捨てていたかもしれない。

しかし私は、恵まれない境遇から大きな成功を収めた人たちに刺激を受けていた。「彼らにできたのなら、私にもできるはずだ」と自分に言い聞かせた。

「できないこと」ではなく「できること」に意識を集中するようにした。

世界に存在する偉大な功績は、すべて「これは可能だ」と信じることから始まったのだ。

あなたの思考は、あなたが前に進むのを助けるか、あるいは足を引っぱっている。すべての思考がどちらかの働きをする。

ポジティブシンキングとは、前に進むのを助けてくれる思考を選ぶということだ。思考を変え、信じることを変えれば、自分を制限するのではなく、自分をサポートすることができる。

変わるのに遅すぎることはない。

自分に足かせをはめる思考では、前に進むことはできない。

GOOD VIBES 2

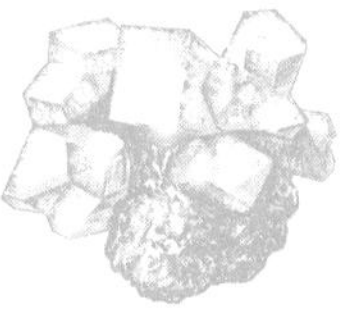

メンタリティがリアリティになる

哲学者のイマヌエル・カントが200年以上も前に言っていたように、人間のすべての経験、人間が知覚するすべての色、感覚、物体は、ただその人の精神が生んだ表象にすぎない。

つまり現実は、それを知覚する個人によって違うということだ。

考えてみよう。ここに1つの大きな岩があり、500人の人にその岩を描写してもらうとする。それぞれが自分の表現で岩を描写するので、話だけを聞いていた人は、完成した絵から500個の違う岩があると思うかもしれない。もちろん、実際は同じ岩を500通りの表現で描写しただけだ。

人間が世界を知覚する方法は、それぞれの信念から生まれている。

信念とは、それぞれの個人にとって真実であり、その真実が主観的な現実を構成している。

人間はすべて、基本的には信念のシステムにすぎない。

信念とは、ある物事に対して「これはこうだ」と思い込むことだ。信念は受け身的な知識ともいえるだろう。

私たちは、経験や知識の蓄積を通して獲得した信念に基づいて人生を生きている。そのため、世界の見方は人それぞれで違うという結果になるのだ。

人として成長したいのなら、他者の信念に対してオープンになるというのも1つの方法だ。

そして相手の信念のほうが正しく、よりポジティブだと思ったら、柔軟に自分の信念を変える意思を持つ。

しかし、ただ誰かに言われたから、誰かの影響を受けたからという理由で自分の信念を変えるのは間違っている。

自分と違う信念に出合ったら、まず自分にこう尋ねてみよう。

「私の信念は理想の人生を生きる助けになっているだろうか？」
「自分の信念のうち、本当に自分のものだと言えるものはいくつあるだろう？　そして他人から与えられたものはいくつだろう？」

メンタリティがリアリティを決める。今度誰かに、「そんな目標は現実的ではない、現実を見ろ」と言われたら、それは彼らの現実であって、自分の現実ではないということを思い出そう。

何かを信じるのは、それを現実化するカギだ。信じていないのなら、それは自分にとって本当ではないということであり、その結果としてあなたの現実になることもない。

グッド・バイブスの法則からもわかるように、ネガティブなことを信じれば、ネガティブなことを経験する。そしてネガティブな経験が、最初のネガティブな信念をさらに強化する。

その結果、あなたの世界では不幸なことばかりが現実化するようになるのだ。この悪循環は信念を変えるまで続く。

「できると考えても、できないと考えても、どちらも正しい」

ヘンリー・フォード

GOOD VIBES 3

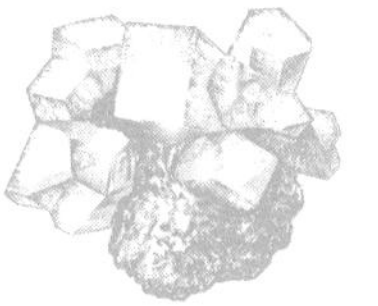

潜在意識を理解する

顕在意識は思考し、潜在意識は吸収する。

顕在意識を庭の草木とするなら、潜在意識はその下にある肥沃な分厚い土だ。失敗の種も、成功の種も、この肥沃な土に蒔かれる。潜在意識は成功と失敗を区別しない。顕在意識は庭師の役割を果たし、潜在意識の土に植えるものを選んでいる。

私たちのほとんどは、いい種も悪い種も蒔いている。自分を制限するような思考の種が何度も蒔かれ、潜在意識の土に根を張ってしまっている。

潜在意識は、思考の良し悪しを判断しない。ただ思考を育てて、信念を形づくるだけだ。

つまり、恐怖にかられ、嫉妬心が強く、力に飢えている個人は、つねに悪い種を潜在意識に蒔き、人生の可能性が制限される結果になっている。

彼らはもしかしたら、「目を覚ませ」「現実的になれ」などという言葉を投げかけられているのかもしれない

潜在意識に蒔かれた悪い種がやがて思考のクセになり、本当に求めている人生がどんどん遠ざかっていく。

しかし、世界のノイズをシャットアウトすることができれば、自分にできないことなど何もないということに気づくだろう。

あなたの信念を決めているのは、あなたの潜在意識だ。
あなたが知覚するものはすべて、
潜在意識が「これは真実だ」と受け入れたものの結果だ。

GOOD VIBES 4

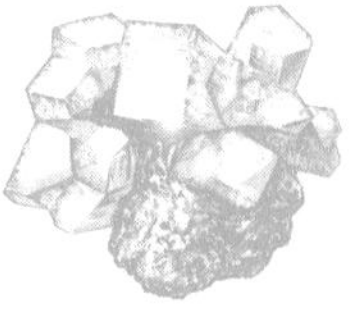

思考を超える

状況を変えられないのなら、その状況のとらえ方を変える。そこが自分の力を発揮する場所だ。

コントロールされるのか——それとも、自分がコントロールするのか。それを選ぶことができる。

私が生まれ育った地域は、まだいくらか人種差別が残っていた。具体的には、たとえば外で遊ぼうとすると、最初の30分は最低でも2人か3人の子どもとケンカをしなければならないような状況だ。そして最終的に、彼らのお兄さんまで相手にしなければならなくなる。

「自分の国に帰れ」と言われると、私は傷ついた。ここは私の国であり、外で遊ぶのは私の権利だ。肌の色で私を差別するのは、誰であっても許されない。私はそう強く信じていたので、怒りが自分の中に蓄積されていった。

ケンカは好きではなかったが、残念ながら、自分の自由を守って平和に暮らすには暴力に訴えるしかない。誰かに肌の色を理由に差別されるたびに、私は反射的に暴力で応じるようになった。

私の暴力は怒りから生まれた。怒りは苦痛から自分を守る手段だった。本来、私は暴力的な人間ではない。相手にケガをさせるたびに罪悪感にかられ、大丈夫かと気づかっていた。

暴力は平和をつくるという考え方はもちろん誤解だ。しかし近ごろは、この誤解をよくニュースなどで目にするようになった。私がケンカに勝っても、他の子がさらに私を攻撃してきただけだ。やがて私は外で遊ぶのをやめてしまった。


人間の脳は賢い。私たちがなるべく楽に生きられるように、考えることを極力少なくしてくれる。（考えることを止められないと感じている人には、少し奇妙に感じるかもしれないが）。そこで脳は、潜在意識で決断できるように自分を最適化することになった。潜在意識が決断するときの基準は、過去の経験と紐づけられた感情だ。

くり返しによって確立した無意識の行動のおかげで、私たちは同じ行動をそのたびに学習する必要もなく、日々を過ごすことができる。車の運転などがそのいい例だろう。日常的な活動であれば、特に意識して考えなくても行うことができる。けれども、私たちは自分の潜在意識に気づいていないので、知らないうちに不健全な態度が定着してしまうこともある。

子どもの私が差別に暴力で応えるたびに罪悪感を覚えていたのは、「私と反応は別だ」とどこかで気づかされていたからだ。私は過去の経験によって、あのように反応するようにプログラムされていた。そして自分の反応に疑問を持たなかったのは、意識が目覚めていなかったからだ。

たしかに私は、「私は怒りだ」と考えたことは一度もなかった。ただこの思考と感情の存在に気づいていただけだ。この気づきを育てていけば、もっといい決断を下せるようになるだろう。

思考の目撃者になる

あなたと、あなたの思考は別だ。
あなたは思考の目撃者だ。

ある出来事をどう見るかによって、その出来事をどう経験するかが決まる。出来事それ自体は中立だ。私たちが出来事に名前をつけている。

今度「悪い」ことが起こったら、落ち着いて自分の思考を観察してみよう。これは無意識を顕在意識にする作業だ。思考を自分が意識できる場所に持ってくる。自分の反応を意識的に選びたいなら、まず自分の思考に気づかなければならない。このスキルを磨きたいなら、瞑想がおすすめの方法だ。

自分のためにならない思考が浮かんだら、その思考を自分と切り離し、そして手放してみよう。あるいは、もっと自分に力を与えるような思考と置き換える。

たとえば、自分がちょうど失業したところだと想像してみよう。そのとき、「自分は無職で破産する」という思考に意識を集中することもできる。するとあなたは絶望し、バイブスの周波数が下がるだろう。

あるいは、「失業はもっと給料のいい新しい仕事に就くチャンスだ」と考えることもできる。この思考なら気分がよくなり、周波数も上がるだろう。

これが「意識的に生きる」ということだ。思考のクセを自覚し、自分のためになる新しい思考習慣を身につけ、本当の自分になるための自由を手に入れる。

たしかに簡単にできることではない。しかし粘り強く努力すれば、ネガティブシンキングの悪循環を抜け出し、ポジティブシンキングを身につけることができるだろう。簡単に言えば、外側の出来事をコントロールするのではなく、出来事への反応をコントロールするほうに意識を集中するということだ。
この態度を身につけると、あなたは大きな力を手に入れることができる。それは幸せな人生を送るのに欠かせない力だ。

目指すのは、ネガティブな思考を一掃することではない。ネガティブな思考への自分の反応を変えることだ。

GOOD VIBES

5

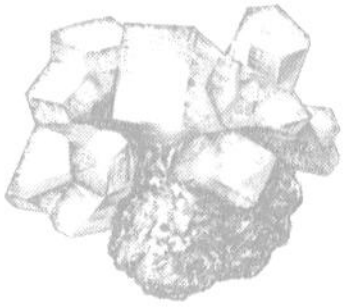

1つの思考があれば十分だ

「カオス理論」とは数学の一分野で、物理学、生物学、経済学、哲学などにも応用されている。カオス理論を簡単に説明すると、「初期値のごく小さな違いが、複雑で予測できない結果を導く」ということだ。これは「バタフライ効果」という名前でも知られている。アマゾンで蝶が羽ばたくと大気にごく小さな変化が起こり、それがある一定の時間をへて、遠くニューヨークの気象に影響を与える。

たとえば、毎日同じ場所から同じ角度で大砲を一発撃ったとしよう。発射するときの条件も同じだ。数学と物理を使えば、砲弾が落ちる位置を計算することができる。これは予測可能な出来事だ。しかし、ここでほんの少しだけ条件を変えると（大砲の場所、角度、空気抵抗など）、砲弾は違う場所に着弾する。

それと同じように、私たちもたった1つの思考をポジティブに変えるだけで（そして、そのポジティブな思考を本気で信じるだけで)、世界の見方を根底から変えることができる。**この新しい世界観には、「結果」を変える力がある。**

周りの環境が新しい結果を与えてくれることを期待してはいけない。環境は私たちがコントロールできる範囲に入っていない。

しかしここで、自分を大砲の砲身だと考えてみよう。砲身の角度や高さを変えるだけで、砲弾をもっと遠くに飛ばしたり、違う場所に着弾させたりできる。そのためには、ただ思考を変えるだけでいい。

自分の思考なら、自分でコントロールできる。

もっといい結果が欲しいなら、
ポジティブな思考を1つ増やすだけでいい。

GOOD VIBES

6

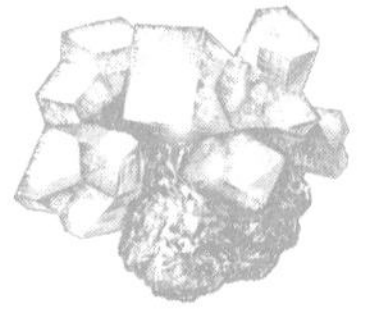

信念を変える

一晩で自分の信念を変えられたら、こんなに楽なことはない。しかし実際はその正反対で、信念を変えるのはとても難しい。すでに見たように、信念は潜在意識の奥深くまで根を張っている。

ある考え方を疑問を持たずに受け入れると、ほとんどの時間をその考え方とともに過ごすことになる。中には理にかなっている考え方もあるだろうが、自分に力を与えてはくれない。むしろ人生の可能性を制限している。

最初のステップは、自分が持っている信念の中で「変えたいもの」を選ぶことだ。

たとえば私は、「自分の未来は変えられない。だから私は絶対に大きなことを達成できない」という信念を持っていた。

この信念は私をネガティブな気分にさせたが、だからといっていきなり変えようとすると、なんだか自分にウソをついているような気分になった。

結局のところ、信念とは、自分にとっての真実なのだから。

しかし、**そもそもなぜ私は、それが真実だと考えるようになったのだろう？**

自分の力を制限する信念と向き合ってみると、あることに気がついた。私がそれを信じていたのは、尊敬する人たちからそう言われたからだ。彼らが言うには、人にはそれぞれ与えられた人生があり、自分で選ぶことはできないとのことだ。

どうやら世の中には、生まれつき運に恵まれている人もいれば、そうでない人もいるらしい。私たちはただ、それを受け入れなければならない。違う人生をつくろうとするのは時間の無駄だ。

もちろん、彼らはここまではっきり言ったわけではない。とはいえ、子どもの私はこれらの考えを聞かされ、さらに周りの人もみな同じことを言っていた。そのため、自分には人生を変える力はないと信じてしまったのだ。

年齢を重ね、状況がさらに厳しくなると、この信念のせいで私の心は暗く沈んだ。自分に選択肢はない、この人生が自分の運命なんだと感じていた。

しかし、私はこの人生を望んでいない。

私の望みは、この人生から抜け出すことだ。

私は自分の信念を疑い始めた。私にこの信念を植えつけた人たちの正しさも疑うようになった。もちろん彼らは立派な人物であり、それに周りの人たちも同じことを言っていた。しかし彼らの中に、ああなりたいと思うような人物は誰もいない。

10代後半の私は、お金持ちで有名になりたいと考えていた。そこで、実際にお金持ちで有名になった人たちを研究することにした。その信念は、私とは違うのだろうか？彼らは思考に限界をつくっていなかった。それにポジティブでもあるようだった。慈善活動や他者を尊重すること、健康について語っていた。

さらに、歴史に残る偉業を達成した人たちも観察したところ、どうやら同じテーマが現れるようだった。私はまた、もっとも尊敬を集めるスピリチュアルリーダーについても調べてみた。彼らの多くは、自分が信じていることが現実をつくると言っている。

私が教わったことは、それ自体が間違っているわけではない。私に教えてくれた本人と、私の周りの人たちにとっては、それが真実だった。

彼らの人生を見てみると、たしかに共通のテーマがある。それは「苦労」だ。彼らはそれ以外の人生を想像することができなかった。人生は彼らに対して優しくなかった。だから彼らは苦労しか知らなかったのだ。

人間の脳は合理的なので、身のまわりの出来事すべてに意味を見出そうとする。

誰かが言っていたことが納得できれば、それを「真実」として受け入れる。

私もまた、「人生は厳しい」と言われたとき、その考え方に疑問を持つより、そのまま信じるほうが簡単だった。それを真実として受け入れたのは、それまでの人生経験と矛盾しなかったからだ。

自分が真実だと信じてきたものを疑ってみる

思い込みは人生を見るレンズのようだ。

それに気づいてからは、自分の思い込みを変えれば、自分の人生を変えることができると理解できるようになった。

私のような境遇に生まれながら、それでも偉大なことを達成した人たちについて、もっと知りたくなった。

実際、そのような人たちは数え切れないほどいるだけでなく、彼らの多くは私よりもさらに厳しい境遇に生まれている。彼らの成功物語を読むと、これまで押しつけられていた思い込みがすべて根拠を失っていった。これからは、証拠を提示して、自分の思い込みは間違っていたと自分を納得させることができる。彼らの物語を読むほど、私の決意は固くなっていった。

私は新しい信念を手に入れた。

私は未来を変えることができる。大きな成功を収めることができる。

ここで大切なのは、思い込みを変えたいのなら、その思い込みは間違っているということを、自分に対して証明しなければならないということだ。

そのためには、新しい信念を裏づける証拠をたくさん集める必要がある。証拠になる実際の成功物語はたくさんある。あなたもきっと見つけることができるだろう。

心の限界から自由になろう。自分の潜在能力を制限し、夢の実現を阻む「信念の牢獄」にとらわれていてはいけない。

GOOD VIBES 7

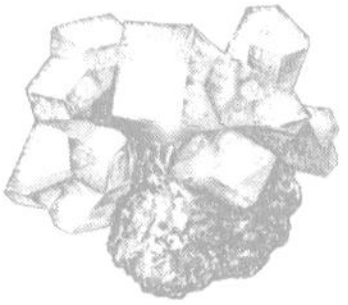

アファメーションをくり返す

言葉にすることは、いずれ必ず実体化する。

あなたには、自分の現実のある側面を言葉にすることで、それを実在させる力がある。

だから、アファメーションの力を見くびってはいけない。アファメーションとは、自分が達成したいことをポジティブな言葉で語ることだ。ただ何度も何度もくり返し言葉にするだけで、その言葉を心の底から信じていれば、「その言葉が現実だ」と潜在意識に刷り込むことができる。

アファメーションの力は世の中のいたるところで観察できる。

たとえば、母親が子どもに向かって「あなたは人見知りだ」と何度も言えば、その言葉は子どもの脳に深く刻み込まれる。

その子は実際は人見知りではないかもしれない。しかし、母親の言葉をくり返し聞いたために、自分は人見知りだと信じるようになる。その結果、その子は実際に人見知りになる。こうやって母親の予言が、母親自身の言葉によって現実になるのだ。

何かができないとくり返し言い聞かされると、自分にはできないと信じるようになる。

ここでもまた、一緒にいる人を選ぶことの大切さを強調しておきたい。あなたに力を与えるような思考を届けてくれる人と一緒にいるようにしよう。

だからといって、耳に心地いいことばかり言ってくれる友だちとだけ付き合っていればいいというわけではない。ここで大切なのは、あなたの気持ちをくじく人ではなく、支えてくれる人と一緒にいることだ。

思いを現実化する正しいアファメーションの方法

アファメーションは意識的に行わなければならない。

これは自分の潜在意識に指示を出すプロセスだ。新しい信念が植え付けられたら、潜在意識はそれを現実にするためにできることはすべてやろうとする。このしくみは、コンピューターのプログラミングに似ているかもしれない。プログラムが完成すれば、あとはコンピューターが勝手に望みの結果を出してくれる。

個人的な経験から言えば、自分が本心では信じていないアファメーションはやはりうまくいかなかった。「未来は変えられない」という思い込みを変えようとしたときも、ただ「未来は変えられる。自分は大きなことを達成できる」と言うだけでは結果は出なかった。古い思い込みを捨てるには、自分が納得できる合理的な証拠が必要だ。

つまり、アファメーションを行うなら、まずその言葉が本当である証拠を集めなければならない。このほうが、ただ言葉を唱えるよりずっと効果的だ。ただの言葉を、証拠の裏付けがある言葉に変えれば、アファメーションはより大きな力を発揮する。

そして、アファメーションは自分の言葉で行わなければならない。自分の声で、まるで友だちに事実を伝えるように、その言葉を口にしよう。

ごきげんでいるときにアファメーションを行うと、より大きな効果が期待できる。とはいえ、どんな気分であっても、アファメーション自体に周波数を上げる力がある。本気で信じているつもりで何かを言葉にすると、自分の状態を大きく変えることができる。

ポジティブな言葉だけをくり返すこと。望まないものを言葉にしてはいけない。さらに、現在形で語らなければならない。

何かに抵抗すると、その何かが居座ってしまうことが多い。それを避けようとするときに発するエネルギーが、自分のところに返ってくるからだ。

たとえば、「私はもう緊張しない」ではなく、「私は何をするときも自信たっぷりだ」という言葉を使う。

アファメーションにかける時間は人それぞれだが、1日に2分から5分ぐらいがちょうどいい。とはいえ、ここで大切なのは長さよりも真剣さだ。自分の言葉を本気で信じなければならない。

目標がすでに現実になったかのように語れば、潜在意識がその言葉を信じ、それが現実であるかのように働いてくれる。

GOOD VIBES
8

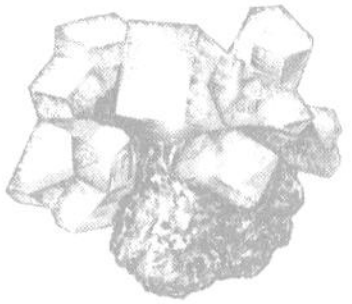

意図を送り出す

目標に向かって進んでいく前に、自分の欲しいものを明確にしなければならない。**欲しいかどうかよくわからないものを手に入れることはできない。**

レストランで注文するときに、「たぶん野菜カレーが欲しいのだと思います」とは言わないだろう。欲しいか、欲しくないかのどちらかだ。

自分の意図が明確になっていないと、それを反映した結果しか手に入らない。たとえば、野菜カレーの辛さの好みを尋ねられて「よくわからない」と答えたら、どんな辛さのカレーが出てくるかわからない。食べてみて辛すぎたとしても、それは意図をはっきり伝えなかった自分の責任だ。

正しい目標を設定することがすべてだ。心の底から望んでいるものを反映した目標でなければならない。

ここで注意してもらいたいのは、本当に欲しいものと、「これを欲しいと思うべきだ」と思い込んでいるものは違うということだ。

私自身、長年にわたって欲しいと思っていたものが、実は本当に欲しいわけではなく、ただ周りを感心させるために欲しかっただけだと気がついた。

そういったもののいくつかを手に入れたこともあったが、そのときは自分でも驚くほど満足感が低かった。

あなたの目標は、あなたという人間を反映したものでなければならない。

物質的な欲求も悪いことではない。ただ、エゴを完全に超越した人だけが、物欲から解放されるというだけだ。

たとえば、大家族に憧れているので、大きな家が欲しいという人がいたとしよう。家が大きければ、家族がたくさんいてもみんなが楽しく過ごすことができる。そういう背景があるなら、大きな家を求めることには意味がある。ただ自分が金持ちであることを見せびらかすのとは違うからだ。

自分の意図を明確にし、欲しいものを宇宙に送り出すと、現実化のプロセスが始まり、物事が好転するようになる。そして私たちの夢は実現する。

J・コールはアメリカの有名なラッパー、作家、プロデューサーだ。彼は以前、広告と借金の取り立ての仕事をしていた。

2011年のインタビューによると、彼はラッパー50セントの半生を描き、50セント自らが出演した映画『ゲット・リッチ・オア・ダイ・トライン』（金持ちになるか、死ぬまで目指すだけで終わるか）に触発され、「ジェイ・Zをプロデュースするか、死ぬまで目指すだけで終わるか」という大胆な宣言を書いたTシャツをつくって着ていたという。

彼は他の人とは違う方法でラッパーを目指し、まずはプロデューサーとして名を上げようと考えた。そして、もっとも大きな目標に到達する道を確立したいと思い、あのTシャツをつくったのだ（注9）。そのTシャツを着たコールは、音楽業界の人か、あるいはジェイ・Z本人に気づいてもらえないかと期待していた。

そして数年後、とうとう奇跡が起こった。

明確な目標を持ち、自分を信じてたゆまぬ努力を続けた結果、ついにジェイ・Zから連絡があり、彼のレコードレーベルであるロック・ネイションと契約することになったのだ。コールはその後、いくつかの曲でジェイ・Zとラップで共演し、さらにプロデュースも行っている。

つねに頭から離れないもの、それがあれば人生の質が間違いなく向上すると確信できるものが、あなたにとって本当に欲しいものだ。

GOOD VIBES 9

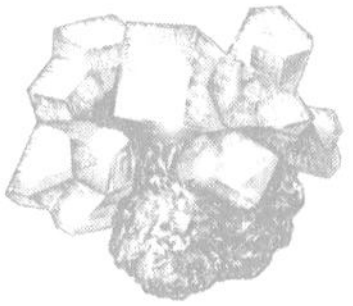

目標を紙に書く

目標を文字にすると実現する確率が上がるという。このことに興味を持った私は、自分でも調べてみることにした。実際に目標を文字にして、その数年後に目標を実現した経験のある人たちの体験談や、彼らに関する研究をいろいろ読んでみた。

その例の1つは、アメリカンフットボール選手のコリン・キャパニックの物語だろう。キャパニックは小学校4年生のとき、未来の自分宛に手紙を書き、その中で自分の未来を正確に予言した。プロで活躍するクオーターバックになることや、所属するチームはもちろん、身長や体重まで言い当てたのだ（注10）。

キャパニックは超能力者ではない。ただ自分の欲しいものがわかっていただけだ。しかもかなり具体的にわかっていた。そして彼の夢は、何年も後になって現実になったのだ。

目標を文字にすると、頭の中にある意図が形となり、目に見えるものになる。目標を具体的に描写すれば、目標に向かう集中力が高まり、脇道にそれるのを防ぐことができる。

私自身も、目標を文字にして結果を出したことが何度もある。細部まで具体的に目標を描写すると、書いた通りに実現するのだ。

ここで、効果的な目標を書くためのコツをいくつか紹介しよう。

効果的な目標を書くためのコツ

1 紙に書く

目標はパソコンを使って書くよりも、紙に書くほうがいい。「書く」という行為には、脳に魔法をかける力があるからだ。自分の手書きの文字で書かれた目標を読み返すと、目標が脳に深く刻み込まれ、目標に向かう力が大きくなる。

2 正直に書く！

自分の望みを正直に書く。自分を制限したり、「これが正しい」という思い込みに縛られたりしてはいけない。大きな目標を持つのはいいことだ。大きく考えられる人は、大きなものを受け取ることができる。

3 現在形で書く

アファメーションと同じように、目標も現在形で書く。「私は偉大な数学者だ」というように、目標がすでに実現したかのように書く。それを読んだ潜在意識は、目標を現実にするためにもっとも抵抗の少ない道を選んでくれる。

4 ポジティブな表現にする

目標はつねにポジティブな表現で書く。欲しくないものではなく、欲しいものに集中する。

5 自分の言葉で書く

自分が自然に話すような言葉で書く。気取った表現は必要ない。

その目標を読んで理解しなければならないのはあなただけだ。頭の中でいちいち翻訳しなくてすむように、自分が理解しやすい表現を使おう。

思いつくかぎり具体的な描写を入れる。目標が明確になるほど、結果も明確になる。潜在意識はプログラムに従って動くので、プログラム以上の結果を出すことはできない。

6 〉具体的に書く

可能であれば、時間枠を設けずに目標を書こう。もし期限を決めて、期限までに実現しなかったら、そこで意気消沈してしまい、目標を書くことの効果を疑うようになるかもしれない。その結果、バイブスの周波数が下がり、目標がさらに遠のいてしまう。

とはいえ、プレッシャーがあったほうがやる気が出るというタイプの人なら、期限を決めたほうが行動を起こしやすい。

どちらを選ぶかはあなた次第だ。時間枠があったほうがいいと思うなら、目標に入れる。もし違うなら入れない。

目標が定まり、紙に書いたら、それを毎日声に出して読み上げよう。そして必要なら修正を加えていく。

しかし、頻繁に変えたり、根本的に変えたりするのは、そのたびに新しい種を蒔くようなものなのでやめたほうがいい。

自分の欲しいものをきちんと知っておくことが大切だ。


あなたは自分の未来の物語をつむぎ出す作家だ。

欲しいものを書き、自分の物語を生きよう。

GOOD VIBES

10

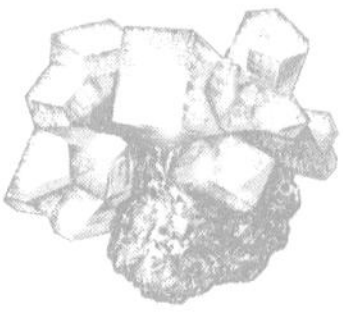

実現するために想像する

視覚化とは、人生で実現する前に、頭の中で経験や意図を創造するプロセスだ。

実際、トップアスリートはよく視覚化のテクニックを使っている。伝説的バスケットボール選手のマイケル・ジョーダンも、理想のプレーヤー像を思い描いた結果、理想通りのプレーヤーになれたという。

史上最高のテニス選手のひとりであるロジャー・フェデラーは、視覚化を普段のトレーニングに取り入れているそうだ。トップアスリートたちは、完璧を目指してトレーニングし、プレーする――それを頭の中で行うのだ。

心理学者のアラン・バドリー、シェーン・マーフィー、ロバート・ウルフォークは、１９９４年に出版された本の中で、イメージトレーニングだけを行った人は、何のトレーニングも行わなかった人よりもパフォーマンスが向上したと述べている（注11）。

ある動きを想像するときに活性化する脳のパターンは、実際にその動きを行ったときに活性化する脳のパターンにとてもよく似ている。視覚化によって、実際のトレーニングと同じように脳を鍛えられるということだ。

欲しいものを視覚化すると、自分の周波数と欲しいものの周波数が同調するだけでなく、アファメーションと同じように潜在意識に働きかける効果もある。

脳と神経系は、想像したものと現実のものを区別することができない。この脳の性質をうまく利用しよう。

脳が送られてきた思考を現実だと信じるなら、実際の人生もそれを反映するようになるはずだ。

今の自分よりも自信のある自分を想像すれば、脳は自信のあるあなたが本当のあなただと考える。するとあなたは、実際に自信のある人になれるのだ！

頭の中で現実になったものは、人生でも現実になる。

GOOD VIBES

11

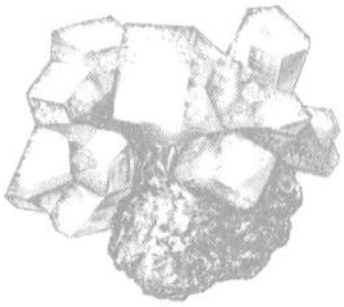

五感を使う

視覚化というプロセスは、ただ頭の中にイメージを思い浮かべるだけではない。1枚の絵ではなく、一連のシーンを想像する必要がある。そしてシーンの中では、味覚、視覚、触覚、嗅覚、聴覚の五感のすべてを使わなければならない。

できるかぎり詳細に思い描く。

たとえば、仮に新しい車が欲しいとするなら、その車を思い浮かべるだけでは不十分だ。その車のシートに座り、運転するところを想像する。車を走らせているときはどんな気分がするだろう？

車が出す音、道路を走る他の車、空気の温度など、その車を運転するという体験にまつわるすべてを想像する。あなたはその瞬間、実際にその車を運転している。五感をフルに活用しよう。鮮やかな色を見て、大きな音を聞く。ただ目を閉じて、世界を想像するだけでいい。

ここで大切なのは、自分がごきげんになれるシーンを想像することだ。**あなたの想像の世界は、ポジティブな感情を呼び起こすものでなければならない。**それを達成するにはかなりの集中力が必要だ。そのため視覚化をするときは、静かで、リラックスできて、じゃまの入らない場所を選ぶこと。

このテクニックを使うときは、ゾクゾクするような感覚があれば、正しく行っていると判断できる。想像していることが実際に起こっているようで、体中に興奮が満ちてくる感覚だ。

頭の中に映像を思い浮かべるのが難しいという人は、助けになる方法がいくつかある。中でもよく使われるのがビジョンボードだ。

欲しいもののイメージに合う写真や切り抜きを集め、それをボードに貼りつけると、自分の目標が一目でわかるようになる。ビジョンボードを家のよく目にする場所に設置し、見るたびに夢を思い出すようにしよう。

私は視覚化と同じくらいビジョンボードが好きだ。物理的なボードはつくっていないが、デジタルの画像を集めてウェブサイトをつくり、それをビジョンボードにしている。ピンタレストなどのサービスを利用するのもいいだろう。

10代のころは、よく趣味で音楽のプロデュースをしていた。私は当時の音楽シーンを席巻していたソー・ソリッド・クルーというグループの大ファンだった。学校に持っていくペンケースはグループのロゴがプリントされていた。そして授業中も、彼らと一緒に働く自分を夢見ていた。

その1、2年後、ソー・ソリッド・クルーのメンバーのスウィスが、「Pain 'n' Musiq」というアルバムを発表した。私はこのアルバムに夢中になり、それこそ1日中聴いていた。聴いていると、自分がスウィスと一緒にすばらしい音楽をつくっている場面を想像することができた。

驚くべきことに、それから間もなくして、私は本当にスウィスと一緒に仕事をするチャンスに恵まれた。アーティストで、私のメンターでもあるクライブという人物が、スウィスの友だちでもあったのだ。私たち3人で何曲かつくり、そしてスウィスと私の2人だけでも曲をつくるようになった。

集中力を使い、五感を研ぎ澄まし、シーンを具体的に思い浮べよう。

GOOD VIBES 12

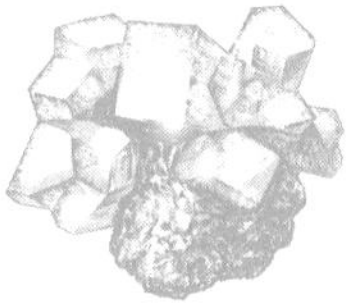

大いなる宇宙を味方につける

13世紀のペルシャの詩人ルーミーはこう書いている。
「宇宙はあなたの外側にあるのではない。自分の中を見なさい。あなたが欲しいものが何であれ、あなたはすでにそれになっている」
ルーミーはまた、宇宙からの贈り物が届かないのは、ただあなたと宇宙の波長が合っていないからだという考え方にも、同意してくれるかもしれない。

宇宙はすでにあなたの中にある。しかし、バイブスの周波数が低い状態でいると、その存在に気づくことができない。自分の言葉、行動、感情、信念を変えれば、宇宙に光を当てることができる。

宇宙は創造の力の源だ。可能性を現実に変える力を持っている。あなたにメッセージやヒントを送り、とるべき行動を教えてくれる。あとはただ、あなたがそれに応えればいいだけだ。

たとえば、いつか自分の好きな仕事で独立したいという目標があるとしよう。そしてある日、ネットでオリジナルのレシピを販売するというアイデアをふと思いつく。そのアイデアについて深く考えなければ、行動に移すこともないだろう。ただの思いつきとして無視してしまうだけだ。

それからの数週間は、さまざまな人たちが自分のレシピを公開しているブログがやたらと目につくかもしれない。しかしあなたは、ただの偶然だと考え、アイデアを無視したまま他のことに精力を傾ける。

このように、宇宙からのメッセージを無視していると、欲しいものはすべてその手からこぼれてしまう。

ときには、目標は決まった方法で達成しなければならないと思い込んでいるために、メッセージを無視してしまうこともある。

かつての私は、自分の目標を実現する道はファッションブランドを起《た》ち上げることだけだと思い込んでいた。しかし、その思い込みを捨てると、他のアイデアも試せるようになった。

思い返してみれば、今の私がいるのは、一見するとただの思いつきだったアイデアのおかげだ。今の私は、宇宙からのメッセージを信頼している。メッセージに従えば、行きたい場所に近づけることがわかっている。

近ごろは「引き寄せの法則」という言葉があちこちで聞かれるようになったが、どうやらこの言葉は、何の努力をしなくても夢がかなうという意味だと解釈されているようだ。

しかし実際は、考えるだけでなく、その考えを行動に移さなければならない。宇宙からインスピレーションを受け取ったら、それを行動に変えなければならない。宇宙はあなたにメッセージを送っている。

「この道を行きなさい！　これに挑戦しなさい！」

行動の伴わない意図はただの希望だ。目標を追い求めると決意して、そこで初めて目標に命が吹き込まれる。

宇宙はいつでもあなたの味方だ。

しかしあなたも、現実化のプロセスで自分がすべきことをしなければならない。

それがどう起こるのかについては心配する必要はない。
むしろ心配していたら限界をつくることになってしまう。
ただ欲しいものを明確にすること。
あなたが今、どんな道を進んでいようとも、
大いなる宇宙はあなたを助けてくれる。
あなたが行きたい場所に到達できるように
ヒントを送ってくれるだろう。

Part 6

行動し、目標を現実化する

Manifesting Goals: Taking Action

どこにいるかは関係ない。
大切なのは、
自分の現在地に対して
何をしているかということだ。

自分のビジョンを描き、進む

目標に向かって行動を起こし、勢いをつけるのは大切なことだ。

しかし、これは「大きな一歩を踏み出せ」という意味ではない。小さなステップでも着実に前に進むことができる。とはいえ、その時点でできることをすべてやり、つねに全力を出すのはいいことだ。

多くの人は、何かができないことの言い訳をいつも山のように用意している。

よくある言い訳は、できるとは思えない、時間がない、専門知識がない、リソースがない、お金がない、といったあたりだ。

しかし、本気で夢を叶えたいなら、他の分野で犠牲を払ってもかまわないと思うだろう。ここで大切なのは、ビジョン、信念、そして献身的な努力だ。行動を続けていれば、いつか道は開けてくる。

たとえ夢のためでも、贅沢をあきらめたり、苦痛を味わったりするのはイヤだと思う人もいるかもしれない。たいていの人は、快適空間の外には出たがらないものだ。

自分で凡庸さを受け入れているのに、同時に凡庸であることに文句を言う。これでは目標を達成することはできない。

そんなとき私たちは、「今はまだそのときではない」と言ったりする。
しかし、それではいつが「そのとき」なのだろう？

実業家のサー・リチャード・ブランソンは、子どものころに読み書きに障害があるディスレクシアと診断された。そして16歳で高校を中退すると、自分の雑誌を創刊した。当時の彼の状態は、誰の目から見ても「そのとき」ではなかった。しかし彼にはやる気と熱意があった。

ブランソンは飛行機のことなど何一つ知らなかったが、それでもヴァージン・アトランティック航空を創業した。ブランソンのヴァージン・グループは、巨額の利益をあげていることはもちろん、グループ会社の総数は実に400社にのぼる。

ブランソンは現在でも、16歳のときと同じ情熱を持ち続けている。彼は好運に恵まれたわけではない。歴史をふり返れば、数々のピンチがあったことがわかる。

彼はただ、自分のビジョンを信じ、そしてビジョンを行動に移しただけだ。

GOOD VIBES 1

変化するには行動しなければならない

以前、借金を返すためにお金が必要になったことがある。しかし、特に行動はしなかった。ただお金がやって来るのを待っていただけだ。

ちょうど同じころ、インターネットの懸賞で腕時計が当たった。懸賞など当たったためしがないので、いつもなら応募もしないのだが、そのときはなぜか当たる気がして応募した。腕時計が当たったものの、そのとき私が必要としていたのはお金だった。

そして、お金は現れないまま時間だけが過ぎていき、私はだんだんと意気消沈していった。絶対に現れると確信していたのに、なぜ現れないのだろう?

答えはもうおわかりだろう。宇宙は私に、行動を起こすチャンスを与えてくれた。それなのに私は、腕時計が当たっても、それが自分の助けになるとはまったく考えなかった。そう、その腕時計を売ればよかったのだ！　私は自分の間違いに気づくと、すぐに腕時計を売り、そして借金の返済に必要なお金を手に入れることができた。

ときに、目標に向かうステップは、行動を起こすチャンスの姿をして私たちの前に現れることがある。

そのとき何もしないでいると、行動の見返りを手に入れることはできない。

自分では何も変えないのに、ただ変化が起こることを期待するのは、たとえるなら毎日毎日チョコレート・ケーキをまったく同じ方法でつくりながら、それがチーズケーキに変わることを期待するようなものだ。チーズケーキがいいのなら、自分で「入れる材料」を変えなければならない。当然のことだ。

そんなバカな話があるかと思うだろう。自分の思考、言葉、感情を通して、ポジティブなエネルギーをたっぷり送り出しながらも、行動はまったく起こさない。その矛盾した姿勢は、バイブスの周波数にも影響を与えることになる。

多くの人が、違う結果を期待しながら、
毎日同じことをくり返している。
しかし、それでは何も起こらない。行動こそ、重要なのだ。

GOOD VIBES 2

簡単に見える近道を選ばない

私たちの多くは、自分のやるべきことがわかっている。それなのに、ただやっていないだけだ。そして、言い訳をしたり、簡単な解決策を探したりしてその場をごまかす。正しい解決策はしんどそうだからだ。

中には、少ない努力で同じ結果を手に入れる方法を見つけることにエネルギーを使いたいという人もいる。

賢く働くことは生産性を上げるうえでも大切なことだが、賢く働くための解決策を見つけるにもかなりのエネルギーが必要だ。

つまり私たちは、ある種の物事は難しい方法でないと達成できないということを受け入れる必要がある。

たとえば、体重を減らしたいなら、消費カロリーが摂取カロリーを上回る状況をつくらなければならない。そのためには、運動を増やすか、食生活を改善するか、あるいはその両方が必要だ。ほとんどの人もそれはわかっている。ただできないだけだ。だからその代わりに、魔法のダイエット薬や、その他の近道を探すことになる。奇跡のダイエット法を見つけるために、かなりの時間、エネルギー、お金を注ぎ込む。その間に正しい方法を実践していれば、もっと早く目標を達成していただろう。あるいは、この状況でまったく何もしない人もいる。痩せたいという気持ちはある。痩せたいと口にもする。しかし行動は起こさない。

こうなるのには主に2つの理由がある。

1つは、自分が目標を達成できると信じていないこと。そのため、挑戦する前からすでにあきらめてしまっている。

そしてもう1つは、目標を達成するための努力がつらすぎると感じていることだ。**プロセスがつらすぎると感じると、そもそも行動を起こす気にならない。**スポーツジムに通ったり、健康的な食生活を続けたりするのはつらそうだ。そんなことをするぐらいなら、今のままでいいという考えだ。そのため、何もせず、もっと簡単で、安楽な道を選ぶ。しかし、快適空間の外に出ずに成長できる人はめったにいない。悲しいことに、多くの人はただ何もせずにやりすごす。そしてついにどうしようもなくなってから、重い腰を上げるのだ。何もしないことの悪影響が大きくなり、目標達成のための努力をしたほうがまだましだという状況になるまで待ってしまう。大きな苦痛とプレッシャーがないと、なかなか大きな変化を起こそうとは思わない。たとえ毒になる人間関係であっても、限界になるまで耐えてしまうのも同じ理由だ。孤独になるぐらいなら、パートナーの暴言や暴力を受けているほうがましだと考えてしまう。

本当に欲しいものがあるのなら、それを手に入れるために行動するだろう。しかし、苦痛に耐えられなくなるような限界にまで先延ばしにしてはいけない。目標が現実化するプロセスを遅らせてしまうだけだ。

まず自分に、どれくらい本気でそれが欲しいのか、尋ねてみよう。手に入れるまでのプロセスを怖がる気持ちよりも、欲しいという気持ちのほうが大きいだろうか？

快適空間の外に出て、自分の恐怖と向き合おう。
人が成長するのは、安穏と暮らしているときではなく、困難に立ち向かったときだ。

GOOD VIBES

3

結果を出したければ、努力し続けなければならない

筋肉を鍛えて引き締まった身体を手に入れたいとしよう。その目標を達成するために、パーソナルトレーナーと契約して3カ月のプログラムを組んだ。しかしプログラムの半分しか実行せず、そして1カ月後、望み通りの結果が出ていないことに気づく。そんなときは、プログラムが悪いと考えることもできる。

あるいは、2週間か3週間はプログラム通りに実行するが、思ったような結果が現れないときも、プログラムが悪いと考えるかもしれない。どちらのケースでも、結果が出ないことにがっかりし、ただあきらめてしまう。

しかし、計画の50%しか実行しなかったら、結果が50%以上になることはない。計画通りに実行しないのであれば、期待通りの結果は手に入らない。

瞑想、アファメーション、視覚化など、あらゆるポジティブな行動において、効果を出したいのであれば、毎日きちんと続けなければならない。

やると決めたらやる。継続して行っていれば、それが習慣になり、人生が変わるのを経験することができるだろう。

伝説のサッカー選手デビッド・ベッカムは、芸術的なフリーキックで有名だった。彼が定位置に立つたびに、観客はボールがゴールネットを揺らすことを確信した。そんなベッカムも、一夜にしてフリーキックの達人になったわけではない。何度も何度も練習した。正確なキックができるようになるまで練習したのではない。失敗しないようになるまで練習したのだ。何度ゴールを決めても、そこで慢心せず、いつも通りの練習をくり返した。くり返しが習慣をつくるからだ。

自分に合った方法は人それぞれだ。自分の方法を見直し、必要なら修正を加えることが大切になる。何かで努力しているけれどあまり成長していないのなら、もしかしたら新しいアプローチを試してみる必要があるのかもしれない。自分の直感を信じよう。何かが間違っていると感じるなら、たいていそれは間違っている！

「くり返し行うことが私たちをつくる。つまり卓越は、行動ではなく習慣だということだ」アリストテレス

GOOD VIBES

4

「やり抜く力」を身につける

情熱を傾けた目標に向かって進むときは、やる気があって当然だ。

一方で、目標までのプロセスが楽しめないのであれば、自分の労力を何に注ぐのかについて、もう一度考えたほうがいいかもしれない。

もちろん、たとえ本気で目標に向かっていても、やる気が起きない日はある。自分の周波数が高ければ、あるいは高くしようと努力しているのであれば、やる気は簡単にわいてくるだろう。しかし、心理状態が正しくないと、行動を起こすことを考えただけで、バイブスの周波数が低下してしまうこともある。

モチベーションを維持するのが難しいこともある。挫折を経験した後や、最低の1日を過ごした後は特にそうだ。やる気があるときもあれば、ないときもある。やる気が起きないのは、もしかしたら一休みして充電したほうがいいというサインかもしれない。あるいは、外に出て何か刺激を探してみることもできる。

それでもモチベーションが上がらないというのなら、それでもとにかくやるべきことをやる。

あなたはもしかしたら、私の口からこんな言葉が出るなんて予想していなかったかもしれない。たしかにあまり魅力的な選択肢ではない。しかし、私の経験から言えば、この「やり抜く力」が、平凡な人と非凡な人を分けるカギになる。

朝早く起きるのがつらいときもあれば、オフィスでのミーティングにわざわざ行く気がしないときもあるだろう——しかし、それでもやると決めたことはやる！　ここでがんばれば、後で、あのときがんばってよかったと思えるだろう。

やる気のあるときは、何をするのも簡単だ。しかし、非凡な人生を生きたいのであれば、やる気がないときも、やる気があるときと同じくらい努力しなければならない。

非凡な人は、たとえやる気がなくても物事をやり遂げる。なぜなら彼らは、目標を達成すると固く心に誓っているからだ。

GOOD VIBES

5

先延ばしは夢の実現を遅らせる

先延ばしは習慣だ。やるべきことが巨大すぎて、どこから手をつければいいのかわからないとき、人はそれを先延ばしにする——何度も何度も先延ばしにする。もしかしたら、やるべきことから逃げるために、何か他の作業を見つけてくることもあるかもしれない。

大切な目標を達成したいのであれば、この習慣を断ち切らなければならない。

慢性的な先延ばしの例をあげよう。

・締め切りギリギリまで手をつけない
・大切な作業の前に、急ぎではない作業を始める
・何かをする前、またはしているときに、他のことに気を取られる
・他に逃げ場がなくなって初めて物事と向き合う
・時間がないと言い張る

・正しいタイミング、正しい気分になるまで待つ
・タスクをまったく完了させない

身に覚えがあるだろうか？

先延ばしのクセがある人は、行動が必要な物事を避ける傾向がある。彼らは何でもするのだが、目標達成につながる行動だけはなぜかしない。

たとえば、締め切り目前でレポートを書いているとしよう。そんなとき、先延ばしをする人は、パソコンに向かうとまずネットをダラダラ見て、貴重な時間を無駄にしてしまうのだ。

目標が大きく見えるなら、小さく切り分ける

自分が先延ばしをしていることに気づいたら、先延ばしを克服するためのテクニックを用意しておくことが大切だ。

レポートを書くなどの小さな目標であれば、先延ばしを克服するのはそれほど難しくない。しかし、オンラインビジネスを始めて成功するといった大きな目標になると

そうはいかない。

そこで登場するのが、目標を小さく切り分けるというテクニックだ。

目標が大きすぎると、その大きさに圧倒されてしまい、目標を達成した自分が想像できなくなる。でも、1つひとつの目標が小さければ、緊急度に応じて優先順位をつけることができるので効果的だ。

小さな目標を達成していけば、大きな目標に対しても自信が持てるようになる。たとえば、現実化したいものが貯金なら、小さな金額に切り分けて目標を設定しよう。最終的な目標額が150万円なら、最初の目標は1万5000円にする。最初の1万5000円が貯まったら、また1万5000円貯めることを目指す。それをくり返していけば、最終的には目標の150万円に到達するだろう。


人間の体内には4種類のいい気分になるホルモンがある。ドーパミン、セロトニン、オキシトシン、エンドルフィンだ。

中でもドーパミンは、目標に向けて行動を起こすのを促す働きがあり、さらに目標を達成したときに嬉しくなるのもドーパミンの作用だ。あるタスクに対して情熱を感じないなら、それはドーパミンの分泌量が足りないということだ。

大きな目標を小さな目標に切り分ければ、この問題を克服することができる。小さな目標を達成するたびに、脳内でドーパミンが分泌されるからだ。ドーパミンの働きでさらにやる気がわいてきて、残りの目標にも向かっていくことができるだろう。

もし目標に決まった期限があるのなら、小さな目標にも期限を決めなければならない。小さな目標を期限通りに達成して、初めて大きな目標を期限通りに達成することができる。

それでもまだ先延ばしがやめられないというのなら、次のテクニックを試してみよう。

1 邪魔になるもの、気を散らせるものをすべて排除する

必要なら環境も変える。お腹が空いたときに、ただ手近にあったという理由でジャンクフードを食べてしまったことはあるだろうか？　もしジャンクフードがそこになければ、それを食べたいと思うこともなかっただろう。人間はすぐ手に入るものに邪魔をされやすい。

2 自分にごほうびを与える

決めたタスクを完了するためにインセンティブを決めておく。たとえば、「これが終わったら友だちに会ってもいい」というように。楽しみにできることがあれば、目の前のタスクを終わらせるモチベーションを高めることができる。

3 一休みして好きなことをする

誰でもたまには休みが必要だ。しかし、休憩の長さはきちんと決めておくこと。好きなテレビ番組の最新回を見たいのであれば、休憩は番組の長さだけだ。延長してはいけない。

4 創造的になる

決められたタスクをもっと楽しくできないか工夫する。それほど頭を使わない作業なら、音楽を聴きながらでもできるだろう。音楽を聴くと、自分のバイブス周波数を上げることができる。一緒に歌えば、タスクがさらに楽しくなるかもしれない。

5 必要なら助けを求める

助けを求めるのをためらってはいけない。自分と同じような目標を達成したばかりの人を探し、話を聞いてみよう。彼らの話から刺激を受け、さらに貴重な情報も教えてもらえるかもしれない。

6 行動しなかったときの罰を決めておく

たとえば、スポーツジムに行くのをサボったら、それから1週間はテレビを一切見てはいけない、というように。自分がズルをしないように、他の人にも宣言しておこう。これは、次に登場する最後のテクニックにもつながっている。

7 信頼できる友だちに目標を宣言する

こうすることで、あなたには責任が発生する。あなたがサボりだしたら、友人たちはそれに気づき、がんばるようにはっぱをかけてくれるかもしれない。

すべてを調べ上げる必要はない。

すべてを知っていないといけないと考えるほど、身体が動かなくなり、前に進むのが怖くなる。勇気を出して飛び込もう。最初は小さな一歩でかまわない。とにかく始めよう！

GOOD VIBES

6

安易な解決策を求める社会を拒否する

大切な目標を達成したいのなら、絶対に必要なのは粘り強さだ。理想を手に入れるまでには時間がかかることもある。目標を現実化するためにできることはすべてやっていると確信しているなら、もしかしたら必要なのは、あと少しの忍耐だけなのかもしれない。現状をありのままに受け入れ、遅れや問題、障害があっても前向きな態度を維持する。

あなたが持っているものの中で、もっとも貴重なものは時間だ。時間は使ったら二度と取り戻せない。現に、時間を節約するデバイスや方法を提供するビジネスはたいてい儲かっているだろう。

とはいえ、たしかにこれらのサービスは大いに役に立つが、その反面、安易な解決策を求めるという社会の風潮に加担してしまっている面もある。

安易な解決策を求める社会では、何でもすぐに解決されることが求められる。努力も時間もできるだけ少なくしながら、望みの結果だけは手に入れたいのだ。

たとえば洋服をネットで注文すれば、翌日にはもう届けられる。アマゾン・プライムのようなサービスなら当日に届くこともある。

映画やテレビ番組が見たくなったら、ネットフリックスのような配信サービスを使えばいい。

デートの相手が欲しいのならマッチングアプリをスワイプするだけだ。

食事も冷凍食品を使えばレンジでチンするだけで食べられる。

もうがまんや忍耐は必要ない。欲しいものは何でもすぐに手に入れることができる。

こういったサービスや商品も、たまに活用するぐらいなら何の問題もない。

しかし、これらのせいで忍耐を忌避する文化ができてしまったこともたしかだ。

私たちはもう待ちたくない。もし待たなければならなくなると、自分の意図そのものを疑うようになるかもしれない。欲しいものはすぐに手に入るべきであり、労力も最小限でなければならないという前提があるからだ。

誤解しないでもらいたいのだが、もし本当に光の速さで偉大なことを達成できるのなら、それはすばらしいことだ。**ただ、たいていのものは、手に入れるまでに時間と忍耐が必要だということは忘れないでもらいたい。**

欲しいものがすぐに手に入る生活に慣れてしまうと、大きな目標に向かうときも、すぐに成果が出ないとあきらめてしまう。そうやって目標をコロコロ変えていると、決して満足する人生を送ることはできない。

目標を達成できないのは、目標が逃げていくからではない。必要な努力を怠っているか、あるいはあっという間に成果が出ることを期待しているからだ。もう少し粘り強くがんばってみよう。

仕事も、パートナーも、家も、車も、あなたは手に入れることができる。ただし焦ってはいけない。あなたに必要なのは信じることだ。夢に向かって成長しなければならない。

GOOD VIBES
7

目先の快楽ではなく、長期の利益を目指す

最近の私は、何かお祝いすることがあるときだけパーティーに参加するようにしている。しかし10代の終わりから20代のはじめにかけてはパーティー三昧だった。

私は目先の楽しみのために生きていた。「今この瞬間」は二度と戻らないのだから、楽しまなければならないと考えていたのだ。しかし、達成したい目標があるのなら、目の前の瞬間を生きることと、未来へ投資することの間に、健全なバランスを保たなければならない。

会社員をしていたころは、金曜日になるたびにワクワクしていた。仕事から解放される週末が楽しみだったからだ。私は週末のために生きるようになっていた。人生には他にもっと大切なことがあるとわかっていたが、それでも週末は自分へのごほうびだった。私は酔っ払い、せっかく働いて稼いだお金を散財した。

しかし、当時の私の行動を翻訳すると次のような意味になる。

「私を見てくれ！　私は毎日仕事ばかりしている。しかも好きでもない仕事で、上司や会社は私をまったく尊重していない。だから生きがいは週末だ。

自由を祝い、せっかく稼いだお金で、きれいな瓶に入っているけれど、高すぎるうえに健康にも悪い物質を買っている。こうすれば、その瞬間だけはいい気分になれるからだ。仕事をしているときに直面する現実から目をそらし、同じような境遇にある人たちを感心させることができる」

その間、心の奥底ではずっと考えていた。

いつになったら、自分のビジネスを持つという夢をかなえられるのだろう？

好きなことをして生きていけるようになるのだろう？

当時の私は、魔法のように夢が実現することを期待していた。

夢に挑戦できない理由はお金だと、くり返し不満を漏らしていた。

皮肉なことだが、私のように考えている人は少なくない。お金がない、時間がないという理由で自分のビジネスを始めない人は、たいていそう言いながら娯楽や遊びに多くのお金と時間を使っている。場所によっては、アルコール1杯が本1冊よりも高いこともある。

すばらしい人生はすべての人に約束されているはずだ。しかし、それでも、長期の利益よりも、目先の喜びを選んでしまう人がたくさんいることもよくわかっている。それが自分の将来に大きな影響を与えるとわかっていても、目先の快楽をがまんできない。

アルコールと本――人生を変えたいのなら、必要なのはどちらだろう?

多くの人が間違った場所に時間とお金を投資している。さらに、自分でも気づかないうちに、他の人の夢に投資していることもある。あなたが散財している対象は、他の誰かが懸命に働いて実現しようとしている夢かもしれない。

もちろん人生を楽しむのは大切なことだ。今この瞬間を最大限に生きなければならない。

とはいえ、今この瞬間に欲しいもののために、いちばん欲しいものをあきらめていると、人生から本当の宝物が失われてしまう。

たいていの人は、「○○さえ手に入れれば、私は幸せになれる」と考えながら生きている。しかしこれは幻想だ。

考え方を変え、目の前の瞬間に感謝しながら生きれば、幸せは今すぐにでも手に入る。

誰にでも選択の自由はあるが、選択した結果は自分で引き受けなければならない。ときには、何か大きなものを手に入れるために、小さなものをあきらめなければならないこともある。

なにも、すべての衝動を抑えろとか、楽しんではいけないと言っているのではない。しかし、仕事と遊びの間で健全なバランスを保ちながら、自分の時間とエネルギーを注ぐ場所をきちんと管理する必要がある。

人生をよりよくするために時間を使っているのであれば、何かすばらしいものを逃してしまうこともない。

GOOD VIBES

8

「恐怖」を「信じる心」に置き換える

何かを信じるというのは意識的な選択だ。楽観的であるために、あえて信じることを選んでいる。

ときに、自分の目標を信じるのがとても難しくなることもある。恐怖が心に忍び込み、あなたをだまそうとする。あなたのために用意されているすべてのすばらしいものから、あなたを遠ざけてしまう。

恐怖とは、危険や死を避けるために人体に備わったメカニズムだ。しかし私たちは、ただ安穏とした状態を維持するために恐怖を使ってしまうことも多い。つまり挑戦を避けるということだ。間違った方法で恐怖を活用し、その結果として成長が止まり、能力をフルに発揮することができなくなる。

恐怖にとらわれていると、凡庸な人生しか手に入らない。本当に危険なものから逃

げるのならいいのだが、たいていは自分の可能性から逃げてしまっているからだ。

日々の生活で、恐怖は私たちの足かせになり、私たちの選択をコントロールする。正しい結果になると信じているべきなのに、間違った結果になるのを恐れることに貴重なエネルギーを浪費する。その態度が行動にも現れる。

信じる心も恐怖も、目に見えないものを信じることをあなたに要求する。あなたはもしかしたら、寒い外の世界に出ることを恐れているのかもしれない。外に出たら病気になるかもしれないと心配しているのかもしれない。たとえ今は元気で、寒さのせいで病気になる可能性は低いとしても、病気になると思い込んでいる。しかし、頭の中にあるものは、現実化されるまではただの想像の産物だ。

恐怖を取り除けば、経験も向上する。たとえば外科医であれば、恐怖を感じない人のほうがためらいが少なく、より手術に集中できるだろう。意思決定の質も段違いに高くなり、それが手術の結果にも反映される。

恐怖を信じる心に置き換えると、それまで想像もしていなかったようなことができるようになる。勇気を出して可能性の領域を探ることができる。

信じる心があるかといって、必ずしも物事が簡単になるわけではないが、実現する可能性が高くなることは間違いない。

誰かから毒のある意見を投げつけられたり、運命のいたずらに翻弄されたりしても、強い信念があれば乗り越えることができる。ここで言う強い信念とは、どこを見ても負ける兆候しかないような状況で、「私は勝つ」と言い切れるような信念だ。ときには、自分にあるのは信念だけだという状況になることもある。信念とは、何があっても物事はよくなると信じる気持ちだ。たとえ信じているのが自分だけでも、その気持ちを手放さず、そのまま信じ続けよう。

どんなに心配しても、状況は改善しない。
自分の思考とエネルギーを賢く使おう。
不安、心配、恐怖を踏み越えた人だけが、
この世界でステップアップできる。

GOOD VIBES
9

手放し、望みがかなうフローに乗る

すべての望みを、望んだ通りの時期に現実化させた人はこの世にひとりも存在しない。自分のバイブスを使って結果を変えることはできるが、すべてのものにはしかるべき時期というものがある。
望み通りの時期とは違うかもしれないが、それが自分にとって最善なのだということを受け入れなければならない。ときには想像もしていなかったような形で、望みが現実化することもある。

現実化のスキルを磨く方法を身につけたら、今度は目標への執着を手放さなくてはならない。ムリヤリ結果を出そうとしたり、結果をコントロールしようとしたりすると、恐怖と疑いのエネルギーを送り出し、かえって現実化に歯止めをかけてしまう。

執着を手放し、すべてはうまくいくと心から信じていよう。

そうすれば、いいことしか起こらない。

もちろん、そうは思えないこともあるだろう。しかし、拒絶のように見えるものも、実際はもっといいものへの方向転換だ。後退は考えるための時間であり、計画を変更するチャンスだ。後退の先には、もっといい何かがあなたを待っている。

それに、そのときはとんでもない大失敗に感じるかもしれないが、それでも何か学べることは必ずある。本当に欲しいものは、違う姿で届けられることが多い。信念のある人だけが、失敗の中に何か価値のあるものを見つけることができる。

執着を手放し、フローに身を任せよう。

何かをするときと、何もしないときのバランスが大切だ。あなたのやるべきことは、このバランスを達成するためにベストを尽くすことだ。

グッド・バイブスを抱きしめ、フローに乗ろう。
ムリヤリ結果を出す必要はない。
あなたのものになるはずのものは、
すべてあなたのところに届けられる。

Part 7

Pain and Purpose

すべての出来事に意味を見出す

人生があなたに闘いを挑んでくるのは、
あなたが弱いからではない。
あなたが強いからだ。
あなたに苦痛を与えれば、
あなたが自分の力に気づくということを
人生は知っている。

人生における「苦痛」が意味するものをとらえる

古代ギリシャの偉大な哲学者アリストテレスは、「すべての出来事には理由がある」と言った。

この言葉を応用すれば、「人生で経験することはすべて、最高の自分、最強の自分をつくるためにデザインされている」と言うこともできるだろう。

つまり、たとえネガティブな経験であっても、それは苦痛の時間ではなく、むしろ成長のチャンスだということだ。（もちろんだからといって、人生のつらい時期に悲しんだり落ち込んだりしてはいけないという意味ではない。それにつらいことがあったら、自分を癒すための時間が必要だ）。

何か問題が起こるたびに犠牲者の役割を演じていたら、人生はあなたを犠牲者として扱うようになるだろう。**周りの状況にあなたの人生を決めさせてはいけない。**

アリストテレスの言葉を聞いて、「その通り！」と思う人もいれば、希望を持つ人、あるいは納得できない人もいるだろう。

納得できないという人の気持ちも理解できる。とてもつらい経験をしているときは、そこに理由があると思いたくないのも当然だ。

ただ苦痛を感じている、そんな人に向かって「その出来事にも理由がある」などと言ったら、きっと何もわかっていないと思われるに違いない。

とはいえ、大半の人が、人生で少なくとも一度はとてもつらいことを経験するだろう。だから、他の人の苦痛もある程度までは理解できる。

人生には、この出来事には理由があるのだと、ただ信じるしかないこともある。そしてこちらの準備ができたときに、その理由は明らかになるだろう。

子どものころ、学校の先生からこんな話を聞いた。先生の兄が、学校のある街から休暇で家に帰るとき、列車に乗り遅れてしまった。兄はショックを受け、自分に腹を立てた。

しかし、その日の夜、乗るはずだった列車が大きな事故を起こし、乗客のほとんどが亡くなったということを知る。それを知ったとき、彼は命が助かったことを神に感謝し、「すべての出来事には理由がある」と言った。事故で亡くなった人たちの家族や友人は、きっとその考え方には納得できないだろう。しかし、先生の兄にとっては、まさにそうとしか思えなかった。

つらい経験の意味がわからないからといって、意味がないというわけではない。

私自身、幼いころに父を亡くしていなかったら、こうして人々に刺激を与えるような仕事はしていなかっただろう。父が生きていたら、私は今とは違う人生を歩み、語る物語もまったく違うものになっていたはずだ。だからといって、父を亡くしたという事実がいい話になるわけではない。父がいれば、多くの苦労は避けられたかもしれない。

しかし、「この出来事には理由がある」という考え方は、自分に力を与えてくれる。新しい視点を獲得し、前を向いて人生を進んでいけるようになる。

過去を変えることはできない。変えられるのは、自分が過去をどうとらえるかということだけだ。とらえ方を変えれば、自分の人生に起こったことは、自分のために起こったことでもあると信じられるようになる。

物事をポジティブにとらえるようにすれば人生が変わる。

しかしネガティブなとらえ方にとらわれていると、人生から喜びが失われ、周波数の低い状態に陥ってしまうだろう。

GOOD VIBES

1

つらかったことこそ、最良の変化につながる

人生で最良の変化のいくつかは、もっとも大きな苦痛から生まれてくる。知恵や強さ、知識を手に入れ、幸せのありがたさを理解するには、どん底を経験する必要があるということだ。

変化に向かう過程でどん底を経験すると、混乱し、生きるのがつらく感じることもある。自分が進んでいる道を信じ、いつかいいことが起こると期待するのはとても難しい。しかし、ここで忘れてはいけないのは、その過程で学んだことを活用すれば、これからの人生でよりよい選択ができるようになるということだ。

恋愛でつらい思いをしたのなら、次からはもっと賢くパートナーを選ぼうとするだろう。その結果、いつか運命の人とめぐり会えるかもしれない。それまで会ったどんな人よりも、あなたを大切にしてくれるパートナーだ。

すべての選択が、さらに多くの選択につながっていく。

日々の生活を送るなかで、たった1つの選択を変えるだけで、その日がまったく違う1日になるかもしれないということを忘れないようにしよう。

ある少年が、女の子と初めてのデートで映画に行くことにした。デートの前に何か食べておこうと考えたが、食べた結果お腹の調子が悪くなり、トイレに行ったためにデートに遅れてしまった。女の子のほうは待ちくたびれて、彼が到着する直前に帰ってしまった。

映画館に着き、女の子が帰ってしまったことに気づくと、彼はそのまま家に帰った。そして帰り道で見かけた別の女の子に一目惚れする。少年はその女の子に話しかけ、2人は恋に落ち、結婚し、子どもが生まれた。すべては彼が最初のデートに間に合わなかったからだ。

すべてのことはつながっている。

過去に何か悲劇的なことが起こったのなら、最近起こったいいことについて考えてみよう。その2つはつながっている。

最初の出来事の結果、あなたの選択が変わり、それが最近のいい経験につながっているのだ。

ときには、昔の出来事をふり返り、点と点を結ぶ作業が必要になることもある。それぞれの点には、おそらく理由があるのだろう。注意深く見てみれば、それぞれの意味がわかるかもしれない。

そして意味がわかれば、未来のすべての出来事にも、それがつらい経験であれ、嬉しい経験であれ、必ず意味があることが理解できる。

人生は、あなたに祝福を与える直前に、あなたに試練を与える。

GOOD VIBES 2

教えはくり返す

「状況が変化してくれないか……」と祈りたくなったら、自分がその状況にいるのだから、自分でその状況を変えられるということを思い出そう。

人生は、乗り越えられる試練、そして乗り越える過程で成長できる試練しか私たちに与えない。さらに、私たちが教えをきちんと学んだか確認しようとする。その試練は、かなり過酷なこともあれば、簡単なこともある。

ときには、同じ試練を何度も経験することもある。その試練からまだ学ぶことがあるからだ。

もしかしたら、学び方が正しくなかったのかもしれない。自分が教えをきちんと学んだかどうか確認するいちばんの方法は、1回だけでなく、その後でまた試練を経験することだ。試練を経験したばかりなら、同じ試練が与えられても、簡単に合格することができるだろう。

しかし、次の試練が数カ月後になれば、そう簡単には合格できない。教えをきちんと学んだかどうかが、本当の意味で試される。

たとえば、まだ相手のことをよく知らないのに焦って付き合うことになり、傷つく結果になってしまったとしよう。ここでの教えは、真剣に付き合う前に相手のことをよく知らなければならないということだ。

大いなる宇宙はあなたに他の人を紹介するかもしれない。あらがいがたい魅力を持った誰かが、またあなたの前に現れる。教えをきちんと学んだということを証明するには、それを行動で示さなければならない。すぐに新しい関係に飛び込もうとすると、また傷つく結果になる可能性は大いにある。

「教えは学んだ」と口で言うだけでは不十分だ。

行動で証明しなければならない。

この例は半分冗談のようなものだが、それでも人生では、同じようなテストがくり返し与えられることもある。

そして二度目、三度目と、内容がどんどん難しくなるのだ。

人生はあなたに試練を与える。
落ち込んでいるあなたに蹴りを入れ、さらに踏みつける。
それでもあなたは生き残り、
生まれ変わった自分として生きていく。
他の人ならつらいと思うかもしれない試練を、
あなたは乗り越えたからだ。

GOOD VIBES

3

警告を見逃さない

車に乗った瞬間から事故に遭う心配をする人はいないだろう。そんなに心配ばかりしていたら生きるのがつらくなり、頭がおかしくなってしまうかもしれない。とはいえ、事故に対する注意は必要だ。たとえばシートベルトを締めれば、仮に事故を起こしても大きなケガをせずにすむ。シートベルトを締めるという行為も恐怖心から生まれたものかもしれないが、これは恐怖の正しい使い方だ。恐怖は私たちを危険から守るために存在する。

飲酒運転で事故を起こし、運良く誰も傷つけず、また自分も生き残ったとしても、同じ行動をくり返すのは一度目よりもさらに無責任だ。さらに事故を起こそうとしているということであり、今度は誰かを巻き込み、その生命を奪ってしまうかもしれない。

こうやって教えを無視するのは、「自分はさらに教えが必要だ」というメッセージを送っているということだ。

警告を見逃してはいけない。あなたが自分らしく、意義のある人生を送り、人生ですばらしいことを経験できるように、大いなる宇宙はつねにあなたを導いている。

しかし、何かが思い通りにいかないと感じたら、そこから何を学べるか、自分に尋ねてみよう。

すべての悪い経験は、何かを学ぶチャンスだ。

どんな変化が必要か自分に尋ねよう。そして、正しいことではないとわかっているなら、危険から目を背けて不健全な選択をしてはいけない。また、心理的な依存や、一時の気休めのために、さらに苦痛を求めるのも間違っている。

自分にとって害になるケーキを食べ続けるなら、
あなたはそのケーキの犠牲者ではなく、
自ら進んで食べている「ただの食いしん坊」だ。

GOOD VIBES

4

人生の本当の目的を見つけ、魂を燃やして生きる

あなたはあふれるほどの潜在能力、才能、知恵、愛、知性を持ってこの世に生まれ、それらを世界とシェアするために存在している。

あなたの役割は世界をよりよい場所にすることだ。あなたには目的がある。その目的のために生きる人生を始めるまでは、心に空虚さを抱えることになるだろう。それは、自分にはもっと他にやることがあるという感覚だ。

すべての人生に目的がある。**私たちは、何らかの形で世界に貢献するために存在している。その目的は、無条件の愛、喜びとともに、私たちが存在する理由だ。**目的は私たちに生きる意味を与えてくれる。

しかし、ほとんどの人は、自分の本当の目的を見つけるのは難しいと感じている。

あるいは、目的はわかっているが、社会の規範に合わせてあきらめたほうが合理的だと判断した人もいるだろう。

サッカーボールを想像してみよう。ボールが存在する目的は蹴られることだ。ただ部屋の片隅に置かれているだけなら、ボールの目的は果たされていない。とはいえ、ボールはそんなことは気にしないだろう。ボールに魂はないからだ。

それでは、ボールに魂があったらどうだろう？　ボールは自分がボールであることを自覚している。そんなボールがずっと部屋の片隅でじっとしていなければならないとしたら、きっと変な気がするだろう。自分の人生には何かが欠けているという感覚だ。自分の本当の価値を世界に見せていないので、完全に満ち足りた気分になることはないかもしれない。

そこで誰かが登場し、ボールを手に取って投げたとしよう。空中を飛ぶボールは、たとえようもないスリルを感じるはずだ。しかしそれもつかの間、ボールはすぐに自分の中にある空虚を感じる。投げられて空を飛ぶのは楽しいが、自分が本当に求めていることとは違うからだ。

ボールは他にもさまざまな使われ方をして、いろいろな動きをするかもしれないが、それでもまだ満たされない。人生でもっとたくさんのことが起これば、ついに自分は満たされるかもしれないと考える。しかし、人生の出来事が増えても、その期待が間違っていたことが証明されるだけだった。

そしてある日、誰かがそのボールを蹴った。

その瞬間、ボールはすべてを理解した。自分はこのために存在している。蹴られることが自分の役割だ。

ボールは過去の出来事をふり返り、点と点を結びつけていった。投げられて空中を飛んだときも、誰かに圧力を加えられたときも、言いようのないスリルを感じた。自分が存在する意味に近づいた気がした。

そしてボールは、ずっと探していたものをついに見つけたのだ。

人生の目的はお金や余暇ではない

人生における本当の目的ではなくても、それに近いことを経験すると、多少の満足感は手に入るが、長続きすることはない。もちろん、喜びをまったく感じないというわけではない。そもそもバイブスの周波数は、自分の意志で上げることができるからだ。

けれども、究極の満足感は、本当の目的を果たさなければ手に入らない。

高次の目的を持つなんて、自分にはムリだと感じている人もいるかもしれない。多くの人は、人間に生きる目的はないという考えを受け入れているだろうし、宇宙は広大で、私たちはその中に存在するひとりの人間にすぎない。しかし、私たちの存在にも何か目的があるはずだ。

高次の目的を心から信じることなく、漫然と人生を生きている人は、自分の存在を最大限に生かしていない。

彼らの目的は、ただ生活に困ることなく生きていくことだけだ。日々を生き残ることと、次の支払いのためにお金を稼ぐことが最優先になる。もちろん、支払いは大切だ。食べ物、水、家、衣服、電気やガスなどにお金を払わなければならない。

では、自分がこの地球に存在するのは、ただこうやって日々を生きて、そして死ぬためだと、あなたは本当に信じているのだろうか？

人生の目的はお金を稼ぐことだけだと、心の底から信じているのだろうか？

かつての私がそうだったように、多くの人は自分にとって何の意味もない仕事をして、1週間に2日の自由のためだけに生きている。しかしその2日間がやってきても、たいていはほとんど何もしないか、あるいは自由を満喫するために思いっきり散財する。

彼らは毎週、その2日間を楽しみにしている。目の前の貴重な時間がただ過ぎていくことを願っている。仕事から離れた時間――彼らにとっての「自由な時間」――が早く来てほしいからだ。その結果、全人生が一瞬のうちに過ぎ去ってしまう。

「情熱」を手がかりに人生の目的を探す

人生は大変なことが多く、そしてお金はたしかに自由を与えてくれる。それでもあなたは、自分の目的を果たして世界に貢献することと、お金を稼ぐことは両立できると信じなければならない。

目的は大きなものでなくてもかまわない。ダライ・ラマを目指す必要はなく、マーク・ザッカーバーグだって大きすぎる目標かもしれない。しかし、世の中に何らかの価値を提供することは必要だ。

そのためには、自分が楽しめることを本気で行わなければならない。すばらしい、偉大な人生を生きるうえで、情熱が大きな役割を果たすのはそのためだ。

すべての人が自分の情熱を発見しているわけではないが、自分の「興奮」に従うことが、本当に欲しいものを手に入れる最短の道だ。

あなたの次の行動は、つねに自分がもっとも興奮できるものでなければならない。

自分が心の底からワクワクすることをやろう。それが何でもかまわない。

ただし、他に何も思い浮かばないからといって、とりあえずおもしろそうなもの、あるいはおもしろいということになっているものをやってみるという人もいるが、それは間違った態度だ。

何かに自然と惹きつけられるのは偶然ではない。それがあなたを選び、そしてあなたがそれを求めているのだ。人生の目的は、それぐらい単純なことだ。

だから、すべてを理解していなければならないと肩に力を入れ、物事を複雑にする必要はない。そして、自分にウソをつかないこと。できそうもないことをムリヤリするのは間違っている。

たとえば、あなたは絵を描くことが本当に好きだとしよう。その場合、自分のウェブサイトやSNSで作品を発表することから始めるかもしれない。しかし、すぐに作品が何万円もの高値で売れることを期待してはいけない。本当に情熱があれば、無料でもいいから誰かに見てもらいたいと思うはずだ。そこまでの気持ちがないのなら、それはあなたの目的ではない。

とはいえ、情熱を追い求めるために今すぐ仕事を辞める必要もない。ここで大切なのは、好奇心を失わず、ポジティブな変化に貪欲であることだ。自分の精神、肉体、魂を刺激するものに向かって進んでいこう。

次の一歩をどこに向かって踏み出すかについては心配いらない。今後の展開についても考えなくてかまわない。宇宙に興奮する気持ちを送り出せば、宇宙は興奮するものをもっと届けてくれる。宇宙のサインを見逃さずにいれば、すばらしいチャンスに恵まれ、人生で進むべき道を見つけることができる。

また、小さな一歩でもかまわない。小さな一歩が大きな何かに続いているからだ。あなたもいつの日か、本当に情熱を持てるものでお金を稼ぐことができるようになるだろう。それは今していることの延長かもしれない。あるいは、今の仕事が嫌いだというのなら、いつかそれを辞めて、本当の目的のために働けるようになるだろう。

あなたという存在は、何かの意図があって創造された。

誰かを助け、愛し、支え、救い、楽しませるためにここにいる。

誰かに刺激を与え、誰かを笑顔にするために存在する。

あなたは世界をよりよい場所にするために生まれてきた。世界に対して何も提供するものがないのなら、そもそもこの場に存在していなかっただろう。

あなたが存在することには意味がある。それを発見したとき、あなたはこの世界のエネルギー構造を変えるだけでなく、人生のあらゆる側面で豊かさを経験するだろう。

GOOD VIBES

5

お金に対する態度を決める

目的のために生きることでお金を稼ぐのは間違いだと考える人もいる。

そこで今から、お金の本当の姿について考えてみよう。お金とは商品やサービスと交換するための手段だと答えるかもしれないが、ちょっと待ってもらいたい。

お金はただのエネルギーだ！

ただのエネルギーなので、お金それ自体はいいものでも悪いものでもない。お金にどんなレッテルを貼るかはあなた次第だ。

そして、お金をどう解釈するかは、お金にまつわるポジティブな状況、あるいはネガティブな状況を引き寄せる方法で決まる。

世の中には、自分のお金を使ってすばらしいことをする人もいれば、内面の惨めさがお金の使い方にも表れてしまう人もいる。お金は単なる増幅器だ。お金をほとんど持っていないときに、優しさや愛を広めて価値を創造しようとしないのなら、たとえお金を持っていても、結局は同じことだ。

お金は、自分はお金を持つ価値があると信じている人のところへ流れていく。

そこで、あなたに尋ねたい。あなたはお金についてどう考えているだろう？　自分はもっとお金を持つ価値があると信じているだろうか？

潜在意識の中にあるお金に対する思考と感情がわかれば、あなたの現在の状態もわかる。現在の潜在意識が変わらなければ、未来の状態も言い当てることができる。

「お金はすべての悪の根源だ」と主張する人もいる。しかしそう言いながら、やはりお金は欲しいと思っている。これはたとえるなら、バーガーキングへ行って注文したのに、商品を受け取る前に店を出てしまうようなものだ。

もっとたくさんのお金を欲しがることに罪悪感を持つ人もいる。そんなにお金を欲しがるのは欲張りだと言われるからだ。

実際のところ、ほとんどの人がもっとお金が欲しいと思っている。お金があれば、経済的な自由と、理想のライフスタイルを実現できるからだ。家族といつでも好きなときに旅行に出かけ、旅行先で好きなだけ散財できるかもしれない。

このライフスタイルを実現できない人もいるのだから、そんなことを願うのは欲張りだと思うのには、理由が2つある。1つは、お金は有限だと信じているから。もう1つは、今の生活レベルから上には絶対に行けないと信じている人もいるからだ。欲張りという概念は、物事には限りがあるという考え方から生まれる。誰かがそれをたくさん手に入れれば、他の人の分が少なくなるからだ。

私たちは、欲しいものの総量には限りがあると信じさせられている。しかし真実は、豊かさは無限であるということだ。

つまり、限界は想像の産物でしかない。自分に足りないものに意識を集中していると、恐怖から生まれたバイブスを宇宙に送り出し、その結果、宇宙は恐怖を感じるようなものをさらに届けてくる。

お金を失うことを恐れる人は、お金をしっかり守ろうとする。お金を使うことが怖くなる。失った金額をまた手に入れられるかわからないからだ。その結果、どんなに真剣にお金を守ろうとしても、お金で苦労するような状況ばかりが引き寄せられる。

貧しさのことばかり考えていると、貧しさを引き寄せる。もちろん、お金を守ることが悪いとか、何も考えずに散財しろとか言っているわけではない。

ここで大切なのは、豊かさに意識を集中することだ。

豊かさが自分に向かって流れてくると信じることには、大きな力がある。

不足や限界を信じてしまう人は多い。しかし私たちには、自分の状況を創造し、コントロールする力がある。

お金は誰でも手に入れることができる。あなたとお金の間にある距離を決めるのは、あなたのお金に対する態度だけだ。

ここで忘れないでもらいたいことがある。お金の役割はあなたの助けになることであり、あなたを完全な存在にすることではない。

お金は人生の目的にはならない。お金をいくらたくさん貯めても、それで世界に価値を加えることも、他者のためになることもできない。お金だけでなく、世界をよくしたいという強い気持ちが必要なのだ。

お金はただのエネルギーだ。いいものでも悪いものでもない。
お金は便利に使うためにあり、
自分を完全な存在にするためのものではない。

GOOD VIBES

6

本当の幸せを手に入れる

本書を通して、あえて「幸せ」という言葉をできるだけ使わないようにしてきた。最後まで取っておくためだ。

ここまで読んだ人なら、自分のバイブスの周波数を上げ、喜びの感情を持てば、幸せを経験できるということが理解できているだろう。

私たちは、「幸せは、人、場所、ものといった外側の影響で決まる」と思い込まされている。外側の状況については、それぞれ理想とする状態があるだろう。そしてその状態が達成されさえすれば、永遠の幸せが手に入ると信じている。

愛する人が見つかれば幸せになれる。10キロ痩せれば幸せになれる。たしかにその瞬間は幸せになれるかもしれないが、永遠には続かない。

そのため、外側の幸せを手に入れても、また次の幸せを探さなければならない。

たとえばお金は、よく幸せと結びつけられる。成功と結びつけられることまである。しかし、世界の大金持ちを見てみれば、たとえどんなにお金があっても悲しみからは逃れられないということがわかるだろう。

幸せと成功をお金で計測するなら、最低額と最高額はいくらになるのだろう？

結局のところ、数字に終わりはない。どれだけ手に入れても、さらにたくさん欲しくなる。最初の目標を達成しても、また次の目標ができる。つまり、お金は幸せの尺度にはならないということだ。


この本のはじめに説明したように、私たちが何かを追い求めるのは、それを手に入れれば幸せになれると信じているからだ。お金もそれと同じだ。

私たちが欲しいのはお金そのものではない。お金が与えてくれる安心感と自由を求めている。安心感と自由があれば、幸せになれると信じているからだ。

しかし、自分が地球上でたったひとりの人間になり、世の中のお金をすべて自分のものにできるとしたらどうだろう。

そのお金は何かの役に立つだろうか？

あるいは、どんなに豪華なバカンスや、スリル満点の冒険を体験できるとしても、健康状態が極端に悪かったら？
欲しいものは何でも買えるとしても、全世界からそっぽを向かれていたら？
あるいは、たとえ信じられないほど高額の給料をもらっていても、最低の仕事で1日に20時間も働かなければならないとしたら？

たとえ理想のパートナーでも、永遠の幸せを約束してくれるわけではない。あなたの相対的な幸福感には貢献してくれるかもしれないが、その幸せは外側の状況が変われば（たとえば、パートナーがあなたを傷つけるような行動をとる）、あっという間に消えてしまう。

また、広告業界は人々の幸せをもてあそぶ術《すべ》に長《た》けている。すべての人が幸せを求めているということを知っているからだ。「これを買えば幸せになれる」と彼らは言う。あなたはそれを買い、そして半年後にまた新しいバージョンが発売される。するとあなたは、古いバージョンではもう幸せになれないと気づき、新しいバージョンを買い、今度こそ永遠に幸せが手に入ることを期待する。このサイクルがずっとくり返される。

けれども、いつでも幸せでいられたら、どうなるだろう？

それこそが究極の目標ではないだろうか？　自分がどんな状況であっても、そのときにあるもので幸せを感じることができる——それが一生続くのだ。

この永遠の幸せこそが、本当の成功ではないだろうか。

これが本当の幸せだ。本当の幸せは長く続く。そして本当の幸せを手に入れると、人生で何が起ころうとも、つねに最高の周波数のバイブスでいることができる。

これこそが、私たち全員が目指すべき境地だと私は信じている。

周りの人も、出来事も、私たちの心の状態に影響を与えることはできない。

私たちの心は、いつでも愛と喜びで満たされている。

幸せを維持するには「自己マスタリー」が必要だ。自己マスタリーとは、自分を律し、本当の目標に向かって研鑽を積んでいくことを意味する。これは自分の内面への旅であり、精神的に大きく成長することが求められる。

自分に限界を設ける思考ではなく、自分に力を与える思考を選ぶ——これが、あなたにとっての自然な思考様式にならなければならない。

物事の明るい面を見ること、過去を手放すことが、あなたにとっての自然な態度になる。未来に生きるのをやめ、今いる場所と、今あるものに心から感謝する。比較するのをやめ、この世界に存在するすべてのものを無条件で愛する。ありのままを抱きしめる。
そして、幸せになる。

他人、場所、ものは、幸せを運んできてはくれない。幸せは、自分の中にある。

おわりの言葉

すばらしい人生を目指すのは簡単なことではない。

だからこそ、ほとんどの人が平凡な人生で満足してしまっている。

しかし、この本で学んだことをじっくりとふり返り、強い決意、前向きな姿勢、粘り強さで行動を起こせば、そんな人たちの一員になることはないだろう。

一度に小さな一歩でかまわない。それを積み重ねていけば、やがて止まらない勢いがつき、理想の人生へとどんどん近づいていく。

すべての困難や失敗には学ぶべき教えがある。

つまり、失敗は失敗ではないということだ。すばらしい、偉大な人生へと向かう道で、少し足踏みしただけだ。

何かを達成するために全身全霊を捧げ、それでも達成できなかったのなら、それは「あなたの本当の目的はそれではない」という宇宙からのメッセージだ。宇宙はもっといいものを届けてくれる。信じて前に進んでいこう。

また、自分の直感を信じることも忘れないでもらいたい。その人間関係が、毒になるものかどうかは、あなたの直感が教えてくれる。

頭の中の声に耳を傾け、そんな関係は時間の無駄だというメッセージを聞き逃さないようにしよう。自分のために個人の境界線を尊重し、そして他の人にも尊重するようにお願いする。

何かが違うと感じるなら、おそらくその直感は正しい。そして、「これでいい」と心の底から感じるなら、その直感も正しいだろう。直感を信じ、フローに乗ろう。

信じる心を持ち、恐怖を手放せば、平凡な人生が非凡な人生になる。そして、人生において高次の目的とつながることができる——なぜなら、一生を通じて真剣に成長することを目指し、全身全霊を傾けて努力していれば、そうならないのが不可能だからだ。

あなたはすでに、美しい人生を創造するために必要なものをすべて持っている。そしてそれは、自分を愛することから始まる。自分の周波数を上げ、高い周波数のバイブスで生きていれば、どんな夢でも実現できるだろう。

それに、たとえ時間がかかっても、高い周波数を維持していれば、目標までの道のりも楽しむことができる。

いつでも楽しくごきげんで生きる――そもそもそれこそが、私たちの求めていることではないだろうか？

約束しよう。自分を愛することを忘れなければ、信じられないほどすごいことを達成できる。

もちろん簡単な道のりではないかもしれない。

時間もかかるかもしれない。

さらに遠くに進むために、何らかの犠牲を払う必要があるかもしれない。

しかし、それでも、その道は進む価値がある。

さあ、今度はあなたの番だ。

ヴェックス・キング

著者のミッション

おかしなことを言うと思うかもしれないが、私はこれまでの人生で、見知らぬ人からメッセージを伝えられたことが何度もあった。この本であなたに伝えたのと同じようなメッセージだ。

たとえば21歳のときは、本屋でメッセージを受け取った。中年の女性が近づいてきてこう言った。「あなたは祝福されている。あなたは自分のメッセージを世界に届けなくてはならない。あなたはたくさんの人を救うだろう」

仕事帰りに駅で電車を待っていたときに、メッセージを受け取ったこともある。ホームの端に向かって歩いていると、ホームに立っている人たちが次々と移動して私のために道を空けた。そんな経験は初めてだった。（もしかしたら自分が臭いのではないかと心配し、臭いを確認したほどだ！　臭いに問題はなかった）。

そして次の瞬間、スカーフをかぶった老婦人がいきなり私の前に現れて、私の職業を尋ねた。私が答えようとすると、彼女はそれを遮ってこう言った。「あなたは特別な存在だ」。私は混乱し、少し怖くなったので、一歩下がって彼女から離れた。しかし彼女は続けてこう言った。「あなたは過去の人生からたくさんの祝福を受け取っている。でも、自分がたくさん間違いを犯したことも自覚しなければならない」

この言葉に少し興味を持ったので、彼女の話をそのまま聞くことにした。彼女は私の前世の話をした。前世はどんな人物で、何をしていたのか。彼女によると、前世の私は軍の特殊部隊の一員だったようだ。もっとも優秀な隊員のひとりで、国のために大きな働きをした。しかしその過程で、たくさんの人を傷つけてもいる。そして彼女は、そんな前世の行動が持つ意味を説明してくれた。

もちろん変な話ではあったが、とても創造的で興味を惹かれる内容だったことは間違いない。彼女は私に、使命を果たすために現世ですべきことを教えてくれた。大切なことの1つは、怒りに支配されないことだ。怒りは失敗につながるからだ。彼女はまた、他者とポジティブに交流すれば、彼らを癒やすことができるとも教えてくれた。

そのときの私は、笑い出すのを必死でこらえていた。あまりにもおかしな話だったからだ。私が彼女の話を信用していないことに、彼女も気づいたようだ。

そして最後にこう言った。

「この話を信じる必要はないけれど、いいアドバイスは黄金と同じ価値があるんだよ」

彼女がそう言った瞬間、かなり遅れていた電車がついにホームに到着した。私は彼女に別れを告げると、電車のドアに向かって歩いていった。彼女も「さようなら」と言い、そして私の名前を呼んだ。彼女に名前は教えていない。

私は電車に乗ると、窓から彼女の姿を探した。彼女はどこにもいなかった。


このようなことが起こるたびに、私は「ただの偶然」で片づけていた。しかし、同じようなことが数え切れないほど起こり、そのときは何も思わなかった私も、だんだんと意味がわかってきた。

私は苦痛を経験したおかげで情熱を発見し、そして人生の目的を見つけることができた。私がもっとも大きな喜びを感じるのは、人々が人生を向上させるのを助けたときだ。私は他の人が勝利を収めるのを見るのが大好きだ。

2015年の終わりに、私はインスタグラムのアカウントをつくり、人生、愛、目的についての言葉や考えを投稿するようになった。その目的は、インターネットでポジティブな生き方を広めることだ。インスタグラムは誰でも無料で使えるので、より多くの人に見てもらえる。たくさんの人の人生を向上させるのにぴったりのプラットフォームだと考えた。

数カ月のうちにフォロワーが増え、たくさんの人が私の言葉を読んでくれるようになった。人気が高まるにつれ、1カ月に何百人もの人からアドバイスを求められるようになった。これは私にとって、人々をポジティブな変化へと導く大きなチャンスだ。

現在、私は「マインドコーチ」として、人々が新しい思考法を手に入れ、新しく、よりポジティブな人生を手に入れるのを手助けする仕事をしている。興味がある人は、私のウェブサイト（vexking.com）を訪問してもらいたい。

この本に関するSNSへの投稿をお待ちしています。#VexKingBookをつけて、あなたの好きな画像、ページ、引用、体験を投稿してください。私が「いいね」を押して、さらに自分のサイトで紹介します。

謝辞

妻、ソウルメイト、親友のコーシャル。この本を書くように励ましてくれただけでなく、自分の言葉を世界に広めようとするきっかけになってくれてどうもありがとう。あなたはいつでも私を信じ、ありのままの私を見てくれた。ここまでの私の旅は、あなたがいなければ不可能だっただろう。あなた以上の人生のパートナーは想像もできない。

姉たちには、いたずらっ子の私を育ててくれたことに感謝する。決して簡単ではなかったことは、よくわかっている。子どもの私に耐えてくれてどうもありがとう。あなたたちは私が生まれた瞬間からそばにいて、最悪の瞬間のいくつかを一緒に経験してきた。あなたたちがいなければ、あの生活を生き残り、人々に知恵を伝えるような人間に成長することはなかっただろう。

そして最後に、SNSのすばらしいフォロワーたちに心からの感謝を。あなたたちのサポートと刺激があったからこそ、私は自分の考えを世界に伝えることができた。

あなたたちに触発されて私はこの本を書き、そしてあなたたちのためにこの本を書いている。

p.77 注7

Simoneton, A., Radiations des aliments, ondes humaines et santé (Le Courrier du Livre, 1971)

p.111 注8

'Learn meditation from this Buddhist monk' (MBS Fitness, YouTube, 2006)

p.241 注9

'J. Cole Interview' (Fuse On Demand, YouTube, January 2011)

p.243 注10

Sessler, M., 'Kaepernick foretold future in fourth-grade letter' (NFL.com, 17 December 2012)

p.248 注11

Budney, A., Murphy, S. and Woolfolk, R., 'Imagery and Motor Performance: What Do We Really Know?', Sheikh, A., Korn., E. (Eds), Imagery in Sports and Physical Performance (Baywood, 1994)

注記

p.39 注1

Lipton, B.H., The Biology of Belief: Unleashing the Power of Consciousness, Matter and Miracles (Hay House, 2015) (『思考のすごい力』PHP研究所、2009年); brucelipton.com; greggbraden.com; 'Sacred knowledge of vibrations and water' (Gregg Braden on Periyad VidWorks, YouTube, August 2012)

p.40 注2

MacLean, K.J.M., The Vibrational Universe (The Big Picture, 2005)

p.53 注3

Blifernez-Klassen, O., Doebbe, A., Grimm, P., Kersting, K., Klassen, V., Kruse, O., Wobbe, L., , 'Cellulose degradation and assimilation by the unicellular phototrophic eukaryote Chlamydomonas reinhardtii' (Nature Communications, November 2012)

p,56 注4

Laird, D., Schnall, S., 'Keep smiling: Enduring effects of facial expressions and postures on emotional experience and memory' (Clark University, Massachusetts, 2003)

p.59 注5

Carney, D., Cuddy, A., Yap, A. ,'Power Posing: Brief Nonverbal Displays Affect Neuroendocrine Levels and Risk Tolerance' (Psychological Science, 2010)

p.63 注6

Fiorito, E., Losito, B., Miles, M., Simons, R., Ulrich, R., Zelson, M., 'Stress recovery during exposure to natural and urban environments' (Journal of Environmental Psychology, Volume 11, Issue 3, September 1991)

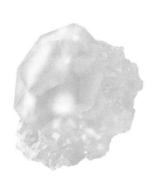

望む現実は最良の思考から生まれる

発行日　2021年11月20日　第1刷
　　　　2022年 1月20日　第2刷

Author　ヴェックス・キング
Translator　桜田直美
Illustrator　田渕正敏
Book Designer　上坊菜々子

Publication　株式会社ディスカヴァー・トゥエンティワン
〒102-0093
東京都千代田区平河町2-16-1 平河町森タワー11F
TEL　03-3237-8321（代表）03-3237-8345（営業）
FAX　03-3237-8323
https://d21.co.jp/

Publisher　谷口奈緒美
Editor　大山聡子

Store Sales Company
安永智洋　伊東佑真　榊原僚　佐藤昌幸　古矢薫　青木翔平　青木涼馬　井筒浩　小田木もも
越智佳南子　小山怜那　川本寛子　佐竹祐哉　佐藤淳基　佐々木玲奈　副島杏南　高橋雛乃
滝口景太郎　竹内大貴　辰巳佳衣　津野主揮　野村美空　羽地夕夏　廣内悠理　松ノ下直輝
宮田有利子　山中麻吏　井澤徳子　石橋佐知子　伊藤香　伊藤由美　葛目美枝子　鈴木洋子
畑野衣見　藤井かおり　藤井多穂子　町田加奈子

EPublishing Company
三輪真也　小田孝文　飯田智樹　川島理　中島俊平　松原史与志　磯部隆　大崎双葉　岡本雄太郎
越野志絵良　斎藤悠人　庄司知世　中西花　西川なつか　野﨑竜海　野中保奈美　三角真穂
八木眸　高原未来子　中澤泰宏　俵敬子

Product Company
大山聡子　大竹朝子　小関勝則　千葉正幸　原典宏　藤田浩芳　榎本明日香　倉田華　志摩麻衣
谷中卓　橋本莉奈　牧野類　三谷祐一　元木優子　安永姫菜　渡辺基志　安達正　小石亜季

Business Solution Company
蛯原昇　早水真吾　志摩晃司　野村美紀　林秀樹　南健一　村尾純司

Corporate Design Group
森谷真一　大星多聞　堀部直人　村松伸哉　井上竜之介　王廳　奥田千晶　佐藤サラ圭　杉田彰子
田中亜紀　福永友紀　山田諭志　池田望　石光まゆ子　齋藤朋子　竹村あゆみ　福田章平　丸山香織
宮崎陽子　阿知波淳平　伊藤花笑　岩城萌花　岩淵瞭　内堀瑞穂　遠藤文香　王玮祎　大野真里菜
大場美範　小田日和　金子瑞実　河北美汐　吉川由莉　菊地美恵　工藤奈津子　黒野有花　小林雅治
坂上めぐみ　佐瀬遥香　鈴木あさひ　関紗也乃高田彩菜　瀧山響子　田澤愛実　巽菜香　田中真悠
田山礼真　玉井里奈　鶴岡蒼也　道玄萌富永啓　中島魁星　永田健太　夏山千穂　平池輝　日吉理咲
星明里　峯岸美有　森脇隆登

Proofreader　文字工房燦光
DTP　株式会社RUHIA
Printing　シナノ印刷株式会社

ISBN978-4-7993-2788-3

ディスカヴァーの自己啓発書ベストセラー

誰でもできるけれど見過ごしがちな幸せに近づく1000のリスト

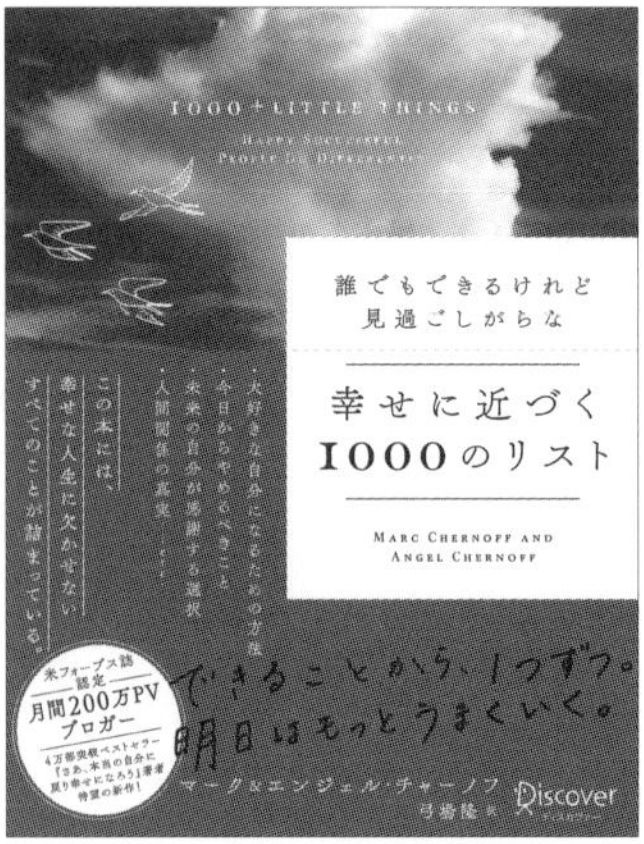

マーク&エンジェル・チャーノフ
1980円（税込）

米『フォーブス』誌が「最も人気のある自己啓発ブログの1つ」に認定、年間200万PVブログ「マーク&エンジェル・ハック・ライフ」著者による、幸せに生きるための必読書。

本書は、次のようなお悩みをかかえた人におすすめです。

・どうして自分ばかりうまくいかないんだろう、と思っている
・職場の人間関係に振り回されて疲れてしまった
・仕事でなかなか思うような成果が出ない
・かなえたい夢があるが、もう今更遅いかもしれないと悩んでいる

自分の支えになる言葉、自分を励ます言葉を見つけて、人生をより「幸せ」へと近づけていきませんか？　さあ、素晴らしい人生の旅に出かけましょう。

やり抜く人の9つの習慣

ハイディ・グラント・ハルバーソン
1320円（税込）

「成功とは生まれつきの才能で決まるものではありません」「成功する人には共通の思考や行動のパターンがあります」――。

コロンビア大学でモチベーション理論を教える社会心理学者の著者は、こう断言します。

過去最大の閲覧数を記録し大反響を呼んだ、ハーバードビジネスレビュー誌ブログ記事「心理学的に正しい目標達成の方法」を加筆し、まとめた1冊。

今日からすぐ実行できる考え方がコンパクトかつ豊富に紹介されています。仕事からダイエットまで「達成したい目標」を、もっと早く、もっと上手に、達成できるようになるはずです。